不同维度下的大学生教育实践

主　编　于兰印
副主编　宋朴一

汕頭大學出版社

图书在版编目（CIP）数据

不同维度下的大学生教育实践 / 于兰印主编；宋朴一副主编. -- 汕头：汕头大学出版社，2023.8
ISBN 978-7-5658-5136-0

Ⅰ. ①不… Ⅱ. ①于… ②宋… Ⅲ. ①大学生－教育研究 Ⅳ. ①G645.5

中国国家版本馆CIP数据核字(2023)第171722号

不同维度下的大学生教育实践
BUTONG WEIDUXIA DE DAXUESHENG JIAOYU SHIJIAN

主　　编：	于兰印
副 主 编：	宋朴一
责任编辑：	宋倩倩
责任技编：	黄东生
封面设计：	乐　乐
出版发行：	汕头大学出版社
	广东省汕头市大学路 243 号汕头大学校园内　邮政编码：515063
电　　话：	0754-82904613
印　　刷：	廊坊市海涛印刷有限公司
开　　本：	710mm×1000 mm　1/16
印　　张：	8
字　　数：	200 千字
版　　次：	2023 年 8 月第 1 版
印　　次：	2024 年 3 月第 1 次印刷
定　　价：	68.00 元

ISBN 978-7-5658-5136-0

版权所有，翻版必究
如发现印装质量问题，请与承印厂联系退换

前言

随着党和政府对教育事业的高度重视和投入的加大，高等教育得到了快速发展。目前，我国已成为世界上高等教育在学人数最多的国家。如何树立以提高质量为核心的高等教育发展观，全面提高高校人才培养质量、科学研究水平、社会服务能力和文化传承创新能力；如何树立与高等教育大众化相适应的高等教育质量观、实施重大发展项目，既着力培养拔尖创新人才，又大量培养应用型、复合型、技能型人才；如何提高高等教育国际化水平、提高高等教育管理水平，带动高等教育质量全面提高……这些新情况、新问题为新形势下的高等教育发展提出了新挑战。

近年来，随着我国社会主义市场经济的发展与社会改革的推进，我国高等教育管理工作也面临着新的挑战。在传统的高等教育管理体制中，高度集中、高度统一的行政化管理理念和管理模式已经不适应高等教育形势的新变化，成了阻碍高等教育进一步发展的重要因素。所以，转变高等教育管理方式，建立新的管理理念和管理模式，研究新时代高校教育管理具有重要的理论与现实意义，是高等教育在未来谋求长足发展及内涵提升的必经之路。

本书以大学生教育为主线，从不同维度论述了大学生教育的实践途径及策略，对大学生的思想道德教育的内容、方法、形式进行了全面的论述，探讨了中国梦、新媒体环境下的大学生思想道德教育途径，多维度地分析了大学生安全教育的实践措施，对大学生的创新创业教育的关键因素进行了系统的分析论述，进一步对大学生的情商培养、廉洁教育、审美及音乐素养培养等进行了创新实践探索。本书兼具理论与实践应用价值，旨在提高大学生的综合素养，培养全面、优秀的高校人才，可供广大大学生、高校教育工作者参考借鉴。

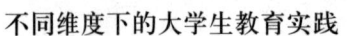

本书在撰写的过程中参考和借鉴了许多专家和学者的研究成果，引用了有关资料、案例等，在此向各位作者表示深深的谢意。由于水平有限，书中难免存在不足之处，敬请广大读者批评指正。

目 录

第一章 大学生教育概述 ··· 1
    第一节 大学生教育管理现状 ······································· 1
    第二节 大学生教育理念 ··· 3
    第三节 大学生教育管理途径 ······································· 8

第二章 大学生思想道德教育实践研究 ··································· 13
    第一节 大学生思想道德教育内容 ·································· 13
    第二节 大学生思想道德教育形式 ·································· 16
    第三节 中国梦视域下的大学生思想道德教育实践研究 ················ 19

第三章 大学生安全教育实践研究 ······································· 26
    第一节 大学生基本的安全意识、知识、能力 ························ 26
    第二节 突发公共事件及防范 ······································ 32

第四章 大学生创新创业教育实践研究 ··································· 42
    第一节 创新与创业教育概述 ······································ 42
    第二节 创业机会与创业资源整合 ·································· 45
    第三节 大学生创业模式与创业风险防控 ···························· 54

第五章 大学生情商教育实践研究 ······································· 62
    第一节 情商教育概述 ·· 62
    第二节 影响情商形成的因素 ······································ 72
    第三节 大学生情商培养策略 ······································ 79

第六章 大学生廉洁教育实践研究 ······································· 83
    第一节 当前大学生廉洁教育的现状与对策研究 ······················ 83
    第二节 大学生廉洁教育的创新发展路径 ···························· 88

  第三节 大学生廉洁教育的实践创新 …………………… 102

第七章 大学生美学与音乐素养教育实践研究 ……………… 107
  第一节 大学生审美教育的迫切性 ……………………… 107
  第二节 新媒体时代大学生审美教育路径 ……………… 110
  第三节 音乐素质培养的重要地位 ……………………… 111
  第四节 大学生音乐素养培养策略 ……………………… 114

结束语 ………………………………………………………………… 117
参考文献 ……………………………………………………………… 119

第一章 大学生教育概述

第一节 大学生教育管理现状

一、大学生个性发展凸显

现在大学校园的主体是"00后"大学生，他们往往思想端正且严格，精神迸发且向上，行为独立并活跃，呈现出当今科技、教育、经济高速发展的时代所应呈现的大学生状态。而一部分大学生，个性比较鲜明，心理不够成熟；一部分学生一直处于被溺爱的环境，未经历过挫折；除此之外，部分学生没有付出的精神，没有生活自理能力。这些学生遇到问题和挫折时无法自己独立解决，进而逐步情绪化、过激化。与此同时，社会环境和家庭教育导向对学生影响较大，学生表现为以自我为中心，主体意识较强，重视个人主观感受，集体观念弱，过于追求个人成功，忽略他人的感受和集体的成果。以上呈现的问题对大学生日常管理工作的开展很不利。管理人员需对学生的正确思想和独立人格进行教育与深化，以此为国家、社会培养出精神积极、独立自主、文化自信的人才。

二、心理健康安全问题严重

心理健康教育是大学生教育管理的重要组成部分。当代大学生的心理问题频发，面对复杂多变、亟待解决的心理健康问题，我们必须高度重视。造成以上问题的原因主要表现在以下几方面：人际交往困难；原生家庭的伤害；网络的虚拟；大学角色转变不适应；学习和生活的压力；情感教育缺失等。这些问题给学生的身心健康带来了极大的影响，也不利于安全、和谐、稳定的校园文化环境的形成，严重地影响着高校培养人才的质量。在这些现象的背后，除了大学生自身素质和家庭环境因素外，还有一部分是高校教育管理的缺陷，各大高校应重视心理健康教育和咨询，对心理问题学生有针对

性地进行帮扶和引导,以此帮助他们健康成长,为国家、社会培养出心理、生理和人格健全的优秀人才。

三、就业创业问题挑战严峻

就业问题已经成为社会关注的焦点问题,严峻的就业形势使得学生的就业压力越来越大。一方面,高校扩招导致大学生的数量激增。另一方面,大多数高校的就业指导偏重理论知识的培养,缺乏相应的社会实践,与用人单位的岗位需求不匹配。当代大学生没有树立正确的择业观,缺乏吃苦耐劳的精神,眼高手低,不愿从底层做起。因此,当代大学生的就业出现"高不成""低不就"的现象。另外,许多大学生创业的优势在于富有激情,但劣势也很明显,就目前大部分高校的教学模式来看,大多注重专业知识的学习和实践,涉及创新创业实践的较少,导致大部分学生创业知识储备不足,仅仅偏重所学专业及学科的内容。为了从根本上解决就业难问题,高校管理应从基本创新教育出发,创造适合提高学生实践能力和创新精神的环境,以此帮助他们建立自信,为国家、社会培养实践型、应用型、创新型的人才。[①]

四、新媒体时代信息多样化

新媒体时代的到来对大学生产生了许多积极影响,但也有许多消极影响。特别是部分大学生由于自控能力较差,沉迷网络无法自拔,严重危害身心健康。一方面,在海量的新媒体信息中,许多大学生因缺乏社会经验和信息辨别能力,很容易被网络上的虚假或不良信息和价值观念所影响,进而出现心理问题;另一方面,许多学生对于信息的认知、判断等各方面的能力会出现偏差,出现新媒体使用失衡的情况。较多学生接触新媒体的目的主要是休闲娱乐,很少进行与自己学科及专业相关的学习。另外,许多学生在接收媒体信息时,只是简单地阅读浏览,很少进行深入详细的了解和剖析,不能有意识地辨别接收媒体信息的真假,辨别能力仅停留在表面,缺乏深层次的分辨能力,极易被错误信息诱导。因此,高校管理对于学生使用媒体网络要加强,加强学生网络利害辨别意识教育,为社会培养出思想科学正确、合理

---

① 奉中华,张巍,仲心.大学生教育管理的创新与实践研究[M].长春:吉林人民出版社,2021:98.

安排时间学习的人才。

五、管理理念陈旧

在学生教育管理过程中，仍有一些辅导员沿用传统的管理方法和模式，管理理念没有紧跟时代步伐，缺乏科学成熟的管理理念。虽然传统方式中有许多经验值得我们学习，但也有很多理念已经不适用于当代"00后"的大学生。比如在学生管理中注重强调统一性，这种形式或思想的统一不仅限制了学生的个性发展，同时也不利于学生创造力的培养。当代许多大学生渴望独立，并且具有鲜明独特的个性，而传统的填鸭式、说教式等教育方法已无法适应当前学生的发展。因此，辅导员对学生的正确引导成为最佳的方式。辅导员作为学生管理者中的一分子，更要强调学生的主体地位，贯彻学生全面发展的理念，积极主动地与学生沟通交流，成为他们学习道路上的引导者和陪伴者。不能采用统一刻板的管理模式，加大辅导员与学生之间的距离，使得学生对辅导员产生隔阂，从而不愿意和辅导员进行沟通与交流。作为学校管理的一员，辅导员要克服管理模式的刻板性，以学生为主体，强调以生为本，全面发展学生的发展观念，积极主动地了解学生行为习惯背后的原因，与学生达到共情。关注集体，关爱学生，这样的管理理念和模式才能促进当代大学生的全面发展。

第二节 大学生教育理念

现代教育以促进人的现代化和主体的全面发展为中心。主体性、发展性是现代教育的本质规定。基于此，现代教育倡导"教育是一种服务"的教育管理理念。它强调教育者（教师）以满足受教育者（学生）个性发展，为受教育者创造全面发展和主体生成的情境和条件。它概括了当今教育的经营态度和思维方式。在如何开展教育管理和教育活动的问题上，相对于传统的教育管理理念，它具有自身的特点：

（1）教育服务理念体现了现代教育以人为本的精神，突出了主体，突出了主体的生成和主体性发展，以培养现代主体人格为根本。它直接着眼于

人，着眼于人的发展。

（2）教育服务理念下的教育管理活动是教育者与受教育者互为主客体、主体间的对象性活动；是在教育者的组织领导下，教育者与受教育者共同参与的活动；是教育者的启发、引导、指导与受教育者的认知、体验、践行的互动；是教育者的价值导向与受教育者自主构建的统一的活动；是教育者与受教育者的相互教育与自我教育、教学相长的活动。

（3）教育服务是现代教育管理的整体特征，它不是教育活动的某个阶段或某个部分、某个方面的特征。作为现代教育的根本指导思想，它是贯穿于教育管理活动的始终和教育管理活动的各个方面的。

教育服务的管理理念对于高校的改革、建设和发展具有以下作用：

一、教育服务理念为改革高校学生管理提供内部驱动力

我们的教育理念是培养人、改造人、塑造人，这具有很大的合理性和教育价值。但是，怎样操作和实施，人们往往受一种片面的理念所指导。长期以来，人们一直将学生作为工作对象来"加工"，将教育完全观念化，以至于我们不能正确理解教育与社会、教育与个人发展之间的关系，使我们的许多教育政策与决策缺乏科学的基础。

树立高等教育服务理念，能够促使高校树立责任意识、市场意识和竞争意识，促使他们关注社会与受教育者的个人教育服务需求，推动高校自觉自主地进行改革，把握市场动向，完善服务体系，增强效率意识，提高服务质量。来自管理者自己对这种改革的需求和认同是改革高校学生管理最主要的动力。可以说，没有管理者对这种改革的深刻理解，没有管理者对学生管理的热情参与，没有管理者对学生管理的积极投入，学生管理理念要转变就十分困难。要求高校学生管理者树立教育服务管理理念，就是期望在形成教育服务理念的同时，一方面使管理者意识到自己与服务、服务与学生之间的密切关系，因而去尝试改变对学生的态度，尝试用一种全新的视角去看待学生；另一方面，也让管理者从根本上认识到传统管理的问题所在。服务理念首先是将服务对象当成自己一切服务工作的对象和焦点，将学生的满意与不满意作为衡量管理业绩的重要指标。这就在客观上迫使管理者去反思原来的管理理念并努力去接受新理念、新方法，形成一种内在动力去推动他们进行

改革。

二、教育服务理念为引导高校学生管理提出新的目标

传统教育理念培养人一般只要求听话、服从，教师培养学生追求"齐步走""整齐划一"，对学生个体之间的差异和个体特征重视不够，因而很难适应时代发展的需要。学生是共性和个性的统一。共性是指学生的群体属性，个性则是指学生的个体属性。处于同一年龄阶段的学生，由于他们生命过程和生活经历的相似性，他们的身心发展在同一规律支配下，表现出某些相同或相似的属性和特征，即共性。但这些共性只是相对而言的，由于个体间遗传因子、家庭背景、社会环境及教育影响的差异，学生的身心发展无论是在内容上还是在水平上都是千差万别的，学生的性格、兴趣、爱好、智力、能力不完全相同，即具有个别差异。这种个别差异是绝对的，是不以人的意志为转移的。这是学生管理必须面对的事实。

树立高等教育服务理念，不仅能够让我们意识到学生共性和个性的差异，还能够让我们意识到，"高等教育服务的生产者是教育工作者，他们通过消耗智力和体力而生产出适合不同教育对象需求的，具有多方面性能的教育服务，处在生产领域。学生则是高等教育的消费者，处在消费领域"，这种理念为高校学生管理实践提出了新的目标。作为提供教育服务的教育者，在学生管理中应以学生为本，尽量满足学生（作为消费者）的需要。不同的学生有不同的需要，同一学生不同时期的需求层次也不尽相同，需求的多样化就决定了教师工作的复杂程度。在提供教育服务时，教师不再是以前高高在上的管理者，而是成了为学生提供服务的教育服务生产者。

要生产优质教育服务，以满足不同人的所有合理需求，教师就要自觉地树立"以人为本"的服务理念，掌握学生的思想动态，了解他们需要什么、喜欢什么、想些什么、关心什么、拥护什么、反对什么及兴趣何在，更要了解不同年龄学生身心发育的规律和特征。要深入到课堂，深入到食堂，深入到学生宿舍，深入到学生活动的各个方面。只有这样，才能从学生的角度制定出符合他们身心发展需要的管理规章，才能努力完善他们的个性，充分发挥他们潜藏在主体内部的创造潜能，才能受到更多学生的欢迎和喜爱。要"生产"优质服务，教师还要了解学生需求的变化。社会在变，时代在变，

生活环境在变，学生的思想观念也会随之发生变化。这就要求教师不断调整教育方式，随时了解以前的规章制度是否符合发展了的实际，以前的教育方式、教育手段还是不是学生愿意接受的。

三、教育服务理念为高校学生管理创造新型师生关系

传统的教育理念认为，学生是教育的客体，教师是教育的主体。受这种教育理念的影响，在学生管理中，教师和学生之间是管理者与被管理者、指挥与服从的关系，学生是弱势方，学校是绝对的强势方。这种管理方法虽然也会取得一定的管理效果，但它付出了扼杀学生主体性、自主性和主观能动性的巨大代价。

树立高等教育服务理念，要求教育者重新审视以前的师生关系，树立起新型的师生关系：从高等学校教师方面来看，在教育服务生产过程的师生关系中，学生作为教育服务消费者，在教育过程中拥有重要地位，教师必须予以尊重，教师作为教育服务生产者，不能不认真考虑作为教育服务消费者学生的意见要求，这意味着教师必须改变角色意识，树立服务理念，以提高服务质量、保证消费者满意的角度出发来考虑一切，才能做到因材施教；从学生方面来看，意味着他们必须树立独立意识和自主观念，他们必须对自己的选择和行为负责，不能完全依赖学校和老师。这种新型的师生关系有利于学生管理中师生平等地、朋友式地、相互尊重地交流对话。管理者也只有从观念上意识到对学生进行管理就是对学生的一种服务，认识到尊重学生就是在尊重自己，放弃学生就是在放弃自己，学生的失败就是你的失败，失去了学生就是失去了你自己，教师才可能真诚地去爱、真诚地付出，新型的师生关系才可能得以建立。在这种新型的师生关系中，学生管理倡导以"爱"为核心的情感管理。爱是一切教育的起点，是开启学生心灵的一把金钥匙，也是教育引导和管理学生的一种精神动力。只有爱学生，管理学生才能做到十分耐心，了解学生才能非常细心，为学生服务才会一片热心。而爱学生的最有效途径就是和学生交朋友，成为学生的良师益友。这样，一方面可以唤起学生管理者的友爱之心，使学生管理者乐于并善于与学生交友；另一方面，可以使学生把学生管理者看成最值得信赖的人，向管理者敞开心扉，吐露心声，心悦诚服地、愉快地接受管理。

四、教育服务理念为高校学生管理的评价提供新的依据

无论什么条件下，任何一所学校的学生管理都有获得良好效果的预期。不同时期，人们衡量学生管理质量的依据不尽相同。传统的教育理念从管理者的角度出发，管理质量意味着管理特征对组织的规定与要求的符合程度。这一视角使组织更关注效率，即用最小的成本获得最大的收益。

树立高等教育服务理念，衡量教育质量的标准则主要是服务对象的满意度。这一视角更关注服务对象需要的满足。与传统理念相比，这一理念已经意识到了不同的服务对象会对同一产品感知到不同的质量水平。当学生或家长感知到满意的服务时，也就是他们对所有服务特征的期望都得到满足或超额满足时，他们把整体服务感知为优质，并因此对学校和教师保持忠诚，从而对学校产生归属感。用满意度来衡量学生管理，传统的强迫式的管理方法必然失去效力，这就促使学生管理者转变理念，认真研究学生，了解学生的身心特点，了解学生需求，创新教育方法，来满足学生需要，从而为高校学生管理提供了新的衡量依据。

用满意度来衡量学生管理具体表现在要符合学校教育质量的以下几个特征：

（1）有效性。也就是能有效地发挥教育服务产品的功能和作用，满足学生学习的欲望，促进学生的发展。

（2）经济性。是学生为了得到教育服务所承担的费用是否合理，优质与廉价对学生是同等重要的。

（3）安全性。是学校保证服务过程中学生的生命不受危害，健康和精神不受伤害，人格不受歧视，合法权益受到尊重和维护。

（4）时间性。学生对服务的时间上有需求，他们需要及时、准时和省时。

（5）舒适性。学生需要舒适的学习环境，以及令他们感到舒适的服务态度。

（6）文明性。学生需要学校有一个自由、亲切、受尊重、友好、自然和善意的、理解的氛围，希望教师有较高的知识修养、文化品位和优雅的举止谈吐。

用满意度来衡量学生管理要以服务对象为衡量主体。学校应给予学生充分的评估权，学校应制订教育服务质量标准，并使服务者了解标准；研制

学生满意度问卷调查，作为衡量学生管理的主要标准。当然，用满意度来衡量学生管理并不意味着对传统衡量标准的彻底抛弃。为了对高校学生管理作出更科学的评价，可以建立起高校学生管理满意体系。这种体系除了学生满意以外，还包括管理者自己满意、上级对下级的满意、下级对上级的满意以及家长满意、社会满意等。这种系统化的满意体系有利于学生的健康成长，有利于学校的管理，使师生之间建立起共同学习、共同进步的良性循环。

第三节　大学生教育管理途径

高校作为国家培养人才的主阵地，不仅要传授专业知识，还要引导学生端正思想认识，树立正确的世界观、人生观和价值观，对学习、生活和工作中遇到的不同事物表现出正确的理解和认知。因此，大学生教育管理工作要完成两个任务：

（1）加强学生的思想政治教育，引导学生培养正确的思想认识和价值观念，树立大局意识和家国情怀，学会辩证地看待现实问题。

（2）在积极的思想认识和正确观念的指导之下，将学生的精力和注意力集中到个人的成长发展方面来，促进学生的成长成才。

一、强化思想引领，树立正确观念

（一）加强网络教育平台建设，发挥官方媒体的渗透教育作用

QQ、微信、微博和短视频等新媒体平台是当下学生获取信息的重要渠道，喜欢猎奇的学生容易把非官方新媒体中获取的信息当作真实信息，容易产生对客观事实的错误认识，还容易导致不良信息的扩散和传播。学校各部门各组织的官方新媒体平台应当加强运营与管理，利用大学生喜闻乐见、乐于接受的方式去宣传信息、教育学生，充分发挥互联网背景下学习方式的互动性、共享性和开放性，树立并强化官方新媒体平台在青年学生思想政治教育阵地中的优势地位，做到"常在、常用和常新"，让学校官方新媒体平台

渗透到每一位学生的学习生活中。①

"常在"即迎合大学生的兴趣与需要，在学生需要真实有效的信息普及之时，学校官方媒体平台应当第一时间为学生提供正确的信息和相关指引。"常用"即主流官方平台能够想学生之所想、急学生之所急，时时事事为学生着想，为学生提供及时、有效的信息，把官方平台打造成能为学生提供有效信息的重要渠道。"常新"即更新要勤，内容要新，抓住学生眼球，得到学生的关注，制作符合新时代、迎合新潮流的内容。通过官方新媒体的宣传教育，把思想引领与价值引导融入每一个传播媒介中，渗透到学生日常的生活、学习和工作中，让官方新媒体平台占据主流地位，占领网络思想政治教育重要阵地。

(二) 加强班团组织建设，发挥基层组织的普及教育作用

把思想引领与价值引导工作下沉到班团组织，通过班团组织负责人掌舵基层组织思想政治教育方向，在团委和班主任指导下，以行政班或团支部为单位制定班团组织架构，在组织结构的正常运作下进行学生的自我教育、自我管理和自我服务。线上通过班团组织公众号的内容输出，扩大思想引领与价值引导的渗透与普及作用；线下以班集体和团支部的实体活动为载体，如通过班风规划设计、学风建设评比、主题班会和主题团日活动等，开展思想政治教育工作，让教育引导与管理服务顾及每一位学生。

开展班团组织骨干培训，推选评比先进班团干部和个人，促进优秀青年之间的交流学习，让青年学生从朋辈群体的比较学习中发现自身的不足，获得成长的动力，利用朋辈群体的相互引领、相互促进作用增强教育成效。以线上线下相结合的方式，将思想政治教育普及每一个角落，武装每一个青年学生，让青年学生认识到作为社会主义的合格建设者和可靠接班人要肩负的使命与担当。

(三) 加强学生党支部建设，发挥红色资源的引领教育作用

通过加强学生党支部建设，充分发挥学生党员的先锋模范作用和学生党员群体思想阵地的引领作用，推动思想政治教育工作向纵深发展。学生党

---
① 董维杰. 大学生教育管理理论与实践 [M]. 济南：齐鲁书社，2006：82.

支部建设包括支部的组织建设和支部内党员的教育培养，合理的学生党支部划分可以在纵向实现支部内党员群体梯队的形成，又可以在横向实现同一梯队党员之间的相互促进。在党员的教育培养方面，加强党员实践教育，发挥红色资源的引领教育作用，组织学生党员到烈士陵园去、到革命先烈的诞生地去、到共产党创业的革命根据地去开展主题党日活动和暑期社会实践。从战斗英雄的无私奉献中，重新理解共产党员的使命与担当；从中国共产党的创业历史中，汲取促进自身成长与发展的不竭动力，加深对中国共产党的初心与使命的理解。激励学生党员越是关键时期越要守得住思想阵地，越要积极主动地发挥党员的先锋模范作用和党支部的战斗堡垒作用，让学生党员真正做到在组织上和思想上入党。让更多的青年学生从学生党员身上受到鼓舞和触动，积极地向党组织靠拢。

二、加强教育引导，助力学生成长

（一）以行为规范为指导，开展大学生适应教育

在新生入学教育时，以行为规范为指导，延续大学生在中学阶段养成的良好学习与生活习惯。在大一年级，以奖励吸引、兴趣驱使、压力驱动的方式开展全校性新生适应教育活动，如"3421"活动（3走：走下网络、走出宿舍、走向操场；4早：早睡、早起、早读、早餐；21天：坚持21天，养成良好的学习与生活习惯）、早自习、晚自修等。以类似于军训制度的管理模式要求学生在大学生活适应阶段保持积极的求学心态和良好的生活状态；重视体育教育，制定要求、创造条件鼓励学生积极参与体育锻炼，坚持每天到运动场进行跑步行程"打卡"；开展劳动教育，开设劳动教育课程，鼓励学生在校园内通过付出获得相应的学分。通过制度的规范与保障，建成新生入学教育体系，规划学生的思想和行为，促进学生快速适应大学生活，在大学期间养成良好的学习与生活习惯，保障身心健康发展，以饱满的精神状态和积极的人生心态去应对生活中的困难与挑战。

（二）以学风建设为目标，培养学生的学习兴趣

据调查，大部分刚入学的新生在学业规划和人生发展方面都存在一定

程度的迷茫状态，存在"不知道学什么、不知道从哪里学以及不知道学来做什么"的学习困惑。针对这种情况，学院应在面上统筹规划，借助学生组织或社团，通过教师指导、学长引领，举办相关活动帮助学生加强对专业学习的了解，激发学习兴趣。例如，举办校园研讨会、校园论坛，邀请校外相关企业的优秀工程师到校开展专业技术讲座，为学生讲解专业技术的应用领域，传授专业知识的学习方法，引导学生将理论学习应用于实践，激发学生对专业学习的兴趣，增强学生对专业学习的信心；举办创新实践大讲堂，邀请学术领头人、行业专家、大学生涯规划专家以及企业资深人力资源管理者等嘉宾为学生开办讲座，引导学生用更开阔的视野融入大学、面向社会，极大地丰富学生的课余生活，帮助学生快速适应大学学习生活，以及获取如何在技术行业起步、发展等相关知识；举办名师讲堂，扩大学院专家名师在本科生层面的影响力，发挥高层次专家人才在专业引导、学风建设、学术研究和就业创业方面的名师效应；以学风建设为目标，围绕专业特色和专业要求，举办学业相关的品牌活动，培养学生的学习兴趣，启蒙学生创新意识，挖掘学生的学习动力。

（三）以就业创业为导向，为学生成长发展赋能

研究表明，在低年级时期具有明确的人生目标和职业规划的学生，其学业发展和个人综合能力的提升在大学各个阶段都有明显的变化。这一类学生对自己具有清晰认识，能合理规划和制定人生目标，有针对性地培养和锻炼个人能力，扬长补短。因此，在学生培养过程中要积极引导学生结合自身情况树立人生目标，做好职业规划，在"大众创业，万众创新"的"双创"时代，以就业创业为导向，为学生的成长发展制订赋能计划。在低年级阶段开展职业规划教育，让学生通过课程学习充分认识自己、认识大学、认识专业和职业，引导学生将专业学习与兴趣爱好结合起来，将职业发展与个人特长结合起来，将人生目标和学习目标结合起来。在高年级阶段开展就业创业指导，引导学生培养和挖掘自己的潜能，提高站位、扩大视野、发散思维、抓住机遇、创造条件、利用资源、开创平台，为专业知识实践、自身潜能发挥开辟用武之地。

举办创新创业学科竞赛，分阶段提高学生的创新创业能力，让学生在

竞赛成就中获得专业学习的兴趣和信心，练就过硬的专业技能，实现以赛促学、以赛促创、以赛赋能的目的；举办校友论坛活动，邀请在学业发展、创新创业和干部工作中表现优秀的校友开展专题分享，通过朋辈教育加强学生骨干的培养，通过优秀校友的宣传为学生树立学习榜样。通过相关教育活动的开展，培养学生依据自身实际提升各方面发展能力的意识，帮助学生将理想抱负和远大志向具象为大学生涯中一个个阶段性的、清晰的小目标，在实现小目标的过程中为学生发展赋能。

第二章　大学生思想道德教育实践研究

第一节　大学生思想道德教育内容

根据我国目前的主流道德准则体系，当代大学生思想道德教育应包括以下几个方面的内容：

一、世界观教育

通过辩证唯物主义和历史唯物主义的教育，帮助大学生学会运用马克思主义的立场观点方法去分析问题、解决问题，坚持一切从实际出发，实事求是，自觉抵制唯心主义和形而上学，顺应时代潮流，推动社会发展。

重点引导学生系统掌握马克思主义基本原理和马克思主义中国化理论成果，了解党史、新中国史、改革开放史、社会主义发展史，认识世情、国情、党情，深刻领会习近平新时代中国特色社会主义思想，培养运用马克思主义立场观点方法分析和解决问题的能力；自觉践行社会主义核心价值观，尊重和维护宪法法律权威，识大局、尊法治、修美德；矢志不渝听党话跟党走，争做社会主义合格建设者和可靠接班人。

二、政治观教育

包括四项基本原则教育、形势政策教育，以及党的路线、方针、政策教育，使大学生明确政治方向，提高敏感性和敏锐性，坚定不移地贯彻党的基本路线，坚持"一个中心，两个基本点"。

三、人生观教育

人生目的、人生价值和人生理想构成了人生观的基本内容。大学阶段是青年学生人生观形成的关键时期，人生观的确立是大学生成才的前提、条件和动力。因此，人生观教育应是学校德育中相对固定的内容。通过人生观教育，学生正确认识和处理个人与集体、个人利益与社会利益的关系，树立全心全意为人民服务的人生信念，在为社会尽责任、做贡献的过程中实现自己的人生价值，确立崇高的人生理想，脚踏实地地刻苦学习，自觉地向德智体美劳全面发展而努力。

通过对大学生进行人生理想、人生目的、人生价值和人生道路等方面的教育，帮助大学生树立全心全意为人民服务的人生观，自觉克服各种腐朽思想和观念。

四、道德观教育

通过共产主义道德的基本原则教育、爱国主义教育、社会主义教育和职业道德教育等，努力在大学生中建立一种团结向上、友爱互助的关系，帮助大学生把学习书本知识与投身社会实践统一起来，把实现自身价值与服务祖国人民统一起来，将树立远大理想与进行艰苦奋斗统一起来。

五、国情观教育

国情观教育包括基本国情教育和爱国主义教育。

基本国情教育使学生认清中国的历史和现实，了解国家的政治经济制度、生产力发展状况、科学教育和文化发展水平、人口状况、资源条件、自然环境、历史传统、民族特点、国际交往等多方面内容，看到中国的发展现状以及与发达国家的差距，激发大学生对中华民族的自信心、自豪感以及为社会主义现代化建设努力学习的责任感、紧迫感。

爱国主义是对自己祖国的一种最深厚的感情，是中华民族的优良传统，是我们民族团结奋斗、生存发展的重要精神支柱，是推动祖国前进的强大精神力量，是高校德育的重要内容。通过爱国主义教育，培养学生对祖国的河山、文化、历史、优良传统和人民的热爱，关心祖国的前途和命运，把个人的命运同祖国的命运紧密联系在一起，把爱国主义的认识和情感转化为爱国主义的行动，刻苦学习，完成党和人民交给的学习任务，为增强全国各族人民的团结，实现祖国统一，维护世界和平，实现社会主义现代化建设，推动祖国繁荣富强而献身。①

六、法治纪律观教育

法治纪律观教育包括社会主义民主法制教育及遵纪守法教育。它使大学生真正懂得发扬社会主义民主与加强社会主义法制的关系，弄清社会主义民主同资产阶级民主的本质区别，以及依法治国的必要性、必然性和社会主义民主建设的长期性，从而自觉地为维护安定团结的政治局面而努力奋斗。

七、传统美德教育

中华民族有着非常悠久的历史、丰富的优秀文化和传统美德，如为社会、为民族、为国家的爱国主义思想，待人仁爱的道德原则，长幼有序、孝敬父母的人伦关系，对崇高精神境界和理想人格的执着追求，重视道德修养的践履功夫，还有追求真理、英勇不屈、顽强拼搏、自强不息、爱岗敬业、忠于职守、见利思义、重视气节、敬老爱幼、尊师重教的高尚品质。引导学生学习、继承中华民族的优秀文化和传统美德，对于弘扬民族精神，帮助学生实现人格的自我完善，做一个有益于国家、社会和集体的人，有着极为重要的意义，应该在学校德育中加以充分体现。

八、社会主义道德教育

社会主义道德是共产主义道德在社会主义阶段的表现形态，是当代最先进的道德，也应是学校德育的主要内容。它包括为人民服务教育、集体主义教育、社会公德教育、职业道德教育和家庭美德教育。为人民服务是社会主义道德的核心，它要求关心人民，热爱人民，对人民负责，把人民的利益放在首位。在我们党的历史上，为人民服务体现在共产党人为国家独立、民族解放和人民幸福所进行的艰苦卓绝、前赴后继的英勇奋斗之中；体现在共产党人和党所领导的人民军队爱民为民、与人民群众血肉相连的鱼水深情之中；体现在革命队伍内部互相关心、互相爱护、互相帮助的同志式关系之中。今天应该对其大力倡导，使为人民服务的思想被广大青年和人民群众认

---

① 李晓峰，徐海鑫. 大学生创业教育体系的构建与实践[M]. 北京：经济日报出版社，2019：64.

同和接受。

集体主义是社会主义道德的基本原则，它要求从广大人民的根本利益出发，坚持集体利益高于个人利益，当两者发生矛盾时，个人利益必须无条件地服从集体利益，并在保证集体利益的前提下，把集体利益和个人利益正确结合起来。进行集体主义教育，帮助学生正确认识和学会处理个人、集体、国家之间的利益关系，发扬对国家和人民的奉献精神，坚持在集体主义前提下发展个性，克服个人利益至上和个人主义的倾向，提倡顾全大局、克己奉公的道德情操。

社会公德教育要求能够文明礼貌、助人为乐、爱护公物、保护环境、遵纪守法；家庭美德教育要求能够尊老爱幼、男女平等、勤俭持家、邻里和睦；职业道德教育要求能够爱岗敬业、诚实守信、办事公道、服务群众、奉献社会。通过"三德"教育，培养学生谦虚、谨慎、诚实、正直、勇敢、勤劳、守纪、俭朴的优良品德。

第二节　大学生思想道德教育形式

大学生传统的思想道德教育形式大多是教师的单向教学，完全依赖显性课程和大班授课，而当前的大学生思想道德教育倾向师生双向交流的教学形式，提倡显性课程与隐性课程、大班授课与小班讨论科学结合的形式；除理论课程外，也通过组织社会实践活动与生产劳动的形式教学，并且在学校教育之外，开始注重校外教育与家庭教育相结合的教育形式。

一、教师单向教学与师生双向交流的形式

通识教育注重启发式教学，让学生掌握探究性学习方法，重视学生综合素质能力培养和协调发展，提倡师生在教学过程中的双向交流，使教学过程成为教师引领学生发散思维、建构意义和发表意见的学习过程，成为学生思辨力、创造力和注意力的培养过程。正如美国教育家约翰·布鲁贝克在《高等教育哲学》中所述："通识教育是为建立人的主体性，并与客体情景建立互动主体性关系的教育。"

当前,大学生思想道德教育实效性并不理想的主要原因是思想道德教育长期受教师单向教学的影响,不重视学生道德选择和道德判断能力的提升,学生被视为无条件、被动服从的教育对象,自身的道德情感和道德认同得不到有效的关注。其中,最突出的问题就是教育者未能将灌输教育与学生的身心发展特点相结合,忽视了学生的主体性,在根本上造成了学生失去建设自身思想道德品质的内在热情和主动精神。思想道德教育不但要传授学生知识理论,而且要传授其思想方法。因此,要求教师在师生双边交互活动中,准确把握学生的思想发展动态,有针对性地进行教育引导,思想道德教育对象在双向交流中深刻领会教育者的意图,积极将其内化,付诸实践。

教师需要做到以下三点:

(1) 要变注入式为启发式,启发式教育可以培养学生思维的独立性和批判性、意识的主动性和创造性。

(2) 要变平面式为立体式,确立以教师为主导、以学生为中心、师生有机结合的"立体渗透"方法。

(3) 要变灌输式为对话式,注重教师、学生双方的相互交流、平等对话和自由磋商,从而达成思想道德教育的共识,促进教学双方在思想和认知上的高层次转化。

二、显性课程与隐性课程相结合的形式

显性课程又称正规课程、显在课程、官方课程,指的是为实现一定的教育目标而正式列入学校教学计划的各门学科,以及有目的、有组织的课外活动,这种课程侧重于主导性,是文化传播的主体。显性课程在学校教育中起着十分重要的作用,教师通过课堂教学将知识概念、原理和方法系统地讲授给学生,从而达成教育目的。学生通过显性课程教学能明显感受到教师的教育意图,显性课程在传播主流文化时能迅速全面地给学生传递信息。隐性课程也称非正式课程,指学生在学校情境中无意识地获得经验、价值观、理想等意识形态内容和文化影响,也可以说是在学校情境中以间接的、以隐的方式呈现的课程,这种课程具有非预期性、潜在性、多样性、不易觉察性,隐性课程通常以校园文化活动、学术沙龙、社会实践等形式出现。通过隐性课程,教师把教育意图隐喻在各种载体之中,潜移默化地吸引和感染学生。这

种课程形式能跨越教育的时空界限，起到润物无声的育人作用。

思想道德教育应从显性课程与隐性课程整合的视角借鉴通识教育的方法。在显性课程领域，要以马克思主义中国化的优秀理论成果为指导，积极开展以马克思主义哲学为主题的世界观与方法论教育、以中国特色社会主义为重点的公民教育和社会主义核心价值观教育；在隐性课程领域要加强科技道德教育、生态道德教育、经济伦理教育、心理健康教育等，以满足学生道德需求的广泛性、多样化，使思想道德教育课程体系更加丰富，形成主导性与多样性的有机结合。

三、大班授课与小班讨论共存的形式

教育部规定，大学生德育理论课班额通常控制在百人左右，但一些学校由于师资短缺等，仍然在进行大班授课，甚至部分高校班额多达两三百人。信守传统、刻板、惯性的知识叙述性传授是目前大学教学的通病，多数高校依然延续以大班上课、大班讨论或不讨论的形式进行教学，但由于缺乏交流，师生关系生疏，教学效果自然不佳。通识教育高度重视对学生实际能力的培养和思维方式的训练，培养学生的道德修为和人文品质。换言之，通识教育是一种开启心智的教育模式，提高了学生的全面认知和逻辑思辨能力，培养了学生敏锐的洞察力、判断力和辨别力。所以，通识教育经常采用大班授课、小班讨论的教学方式。哈佛大学的核心课程一般都是50人以下的规模，甚至采用小班授课时人数控制在15人以下，教师采用启发式、自由讨论式的教学方法。讨论不只是一种策略，也是一种有价值的理解事物的方法，还是一种有关行动方向和理解过程的经验。通识教育主要关注的就是理解的技巧和艺术。因此，思想道德教育要借鉴通识教育大班授课、小班讨论的形式，创造条件开设更多的小班讨论课程，探索实行小班化教学，采用专兼职教师或思想政治辅导员组织参与讨论的方式，以开放的组织形式、灵活多样的主题、自由交流的精神氛围，真正实施人文教育应有的质疑、辩难、讨论等互动式教学方法，从而使学生改善道德认知结构、提升道德认知水平、增强解决现实问题的能力。

四、组织社会实践活动与生产劳动的形式

社会实践活动是大学生理论联系实际的重要途径，能使学生有更多的机会接触社会、了解社会。大学生通过社会实践，服务了群众，锻炼了自己，提高了综合运用知识和适应社会的能力，培养了高尚的情操、良好的道德、献身社会的精神和积极的劳动态度，有利于促进社会主义精神文明的建设。

生产劳动是人类社会最基本的实践活动，也是人类认识发展的基本源泉。列宁指出："没有年轻一代的教育和生产劳动的结合，未来社会的理想是不能想象的；无论是脱离生产劳动的教学和教育，或是没有同时进行教学和教育的生产劳动，都不能达到现代技术水平和科学知识现状所要求的高度。"所以，我们的教育方针历来重视"教育与生产劳动相结合"，组织学生参加一定的生产劳动，使学生树立热爱劳动、热爱劳动人民的思想，改变轻视体力劳动和体力劳动者的观念。这是实现社会主义大学培养目标不可缺少的重要环节。

五、校外教育与家庭教育相结合的形式

思想道德教育是一个系统工程，必须由学校、社会、家庭多方面配合形成合力。培养社会主义现代化建设人才不仅是学校的使命，也是社会和家庭的责任。学校德育要形成良好的教育环境，就要求社会、家庭的一致配合。教育者要多同学生家庭联系，全面了解学生，有针对性地做思想教育工作，这样才能起到学校单一的正面教育所起不到的作用。

第三节　中国梦视域下的大学生思想道德教育实践研究

一、中国梦视域下大学生思想道德的新要求

中国梦是时代的梦，也是青年的梦，中国梦的实现离不了当代大学生的努力奋斗，中国梦为大学生的思想道德增添了新的要求：大学生要坚持中国特色社会主义理论、要坚持爱国主义精神和改革创新精神，要践行社会主

义核心价值观，要树立为人民服务的人生观念。

（一）坚持中国特色社会主义理论

大学生应认清历史发展方向，树立中国特色社会主义理论信念，才能自觉将个人梦融入中国梦，将个人发展融入中国道路，在对共同梦想的追求中，不仅要把握好个人发展的主导权、主动权，获得更大的发展机会，更要铸就利国利民的功绩。社会主义制度在我国的确立，开启了在社会主义道路上实现中华民族伟大复兴的历史征程。

改革开放使得社会主义建设取得举世瞩目的巨大成就，这些成就为中华民族的伟大复兴奠定了坚实的基础。但是，中国的基本国情还没有根本改变，仍处于社会主义初级阶段，人民日益增长的美好生活需要和不平衡不充分的发展之间的矛盾依然存在，这就要求我们必须立足现实谋求更好、更长久的发展。作为肩负实现中华民族伟大复兴重任的大学生，更应该坚定实现中华民族伟大复兴的理想和信念。明确自己肩负的历史责任、确立为振兴中华奉献自己青春的崇高理想是当代大学生应具备的素质。

（二）坚持爱国主义精神和改革创新精神

无数中国人励志图强、奋斗为国的事迹感人肺腑、荡气回肠。中华人民共和国成立初期，以钱学森、邓稼先为代表的科学家，主动放弃国外优越的工作、生活，毅然回到自己的祖国，投身到新中国建设的伟大事业中。一大批年轻人在党的召唤下，到苏联学习，学成归国后，积极投身于百废待兴的祖国建设。谭铁牛等科学家放弃其他国家的优厚待遇，回国效力，他们都用自身的行动诠释了爱国主义的真谛。爱国思想和情感，以其巨大的号召力、向心力和凝聚力，维系着中华民族的意志和信念，成为支撑中华民族独立和解放的强大精神力量。

以爱国主义为核心的民族精神在中国社会发展的不同阶段、不同时期有不同的具体体现。比如，屈原《离骚》中忧国忧民、眷恋故土的爱国情怀；贾谊《陈政事疏》中"国而忘家，公而忘私"的思想主张；范仲淹在《岳阳楼记》中提出"先天下之忧而忧，后天下之乐而乐"，体现了把国家利益、民族利益、社会利益放在首位的强烈信念；文天祥在《过零丁洋》中高歌"人生自古谁无死，留取丹心照汗青"，展现了大义凛然的爱国主义精神；近代以来，中国逐步沦为半殖民地半封建社会，为救亡图存，林则徐提出"苟利国家生死以，岂因福祸避趋之"，康有为提倡"中国一家，休戚与共"，孙中山喊出"振兴中华"，李大钊呼吁"中华民族再生再造"；等等。①

创新靠的是一代又一代人的不懈努力。大学生是国家未来的建设者，改革创新的重任必将落在当代大学生身上，因而做有知识、有能力的创新者是当代大学生的追求。改革创新的时代精神正是激发青年大学生积极向上、勇于向前、执着追求的精神力量。

创新是一个民族进步的灵魂，是一个国家兴旺发达的不竭动力。改革创新是时代发展的必然要求，也是我国不断增强综合国力的必然要求。只有改革创新，才能使中华民族保持强大的生命力和昂扬向上的精神状态；只有通过全面深化改革，走创新型国家的发展道路，全面提高民族的自主创新能力，才能实现民族的振兴，才能使中国在日趋激烈的国际竞争中立于不败之地。

（三）践行社会主义核心价值观

社会主义核心价值观是社会主义核心价值体系的精神内核和本质规定的高度凝练，体现了社会主义意识形态的本质和灵魂。党的十八大报告对社会主义核心价值体系的根本观点进行概括、凝练，提出："倡导富强、民主、文明、和谐，倡导自由、平等、公正、法治，倡导爱国、敬业、诚信、友善，积极培育和践行社会主义核心价值观。"培育和践行社会主义核心价值观，是实现中国梦的价值基石和道德基础。大学生要做到不心浮气躁、不好高骛远，为人笃厚老实，做事实实在在，一步一个脚印往前走，使自己的德行、学问、事业日有所长；要在知行合一上下功夫，于实处用力，避免知行脱节、言行不一。

要使社会主义核心价值观内化为自己的精神追求、外化为实际行动，需要大学生以笃实作为做人、求学和创业的行动指南。大学生要不以善小而不为、不以恶小而为之，做到慎独自律、积善成德。例如，培育自由价值观，不仅要认识到自由从来就不是随心所欲的、绝对的自由，而是受到社会

---

① 乔晶.新媒体视域下大学生教育管理研究[M].北京：中国水利水电出版社，2019：192.

历史条件、客观环境制约和法律规制下的自由，还要在社会生活中行使自由权利时负有不妨碍、侵害他人自由的义务，并彼此协作、互动。只有这样，才能使每个人的自由得到充分而有效的保障。培育平等价值观，不仅要认识到人人平等、认真对待他人平等权利的重要性，更要自觉地同一切不平等和特权现象做斗争；不仅要常思诚信之德、常存友善之念，使诚信友善内化于心，还要在实践中既能以诚立身、以信处世，又能择贤为友、与人为善，使诚信友善外化于行；等等。

(四) 树立为人民服务的人生观念

无数的革命先辈、榜样人物在这方面给我们做了很好的示范，张思德、雷锋就是很好的例子。张思德的工作岗位很平常，论职务只是一个普通兵，牺牲时也不算壮烈。他所遇到的事诸如如何对待同志、如何对待工作、如何对待职务、如何对待地位和荣誉，每日都在我们身边发生，他所思所想的问题诸如工作时的担当、生活中他人的冷暖与集体的利益也是我们曾经思考、正在思考或者需要思考的问题。然而，张思德十年如一日，通过日常工作生活的点滴小事，不断透射出为人民服务的光芒，我们从他身上可以真切地感受为人民服务并不是一个空洞的口号。大学生只有树立了为人民服务的观念，才能把为人民服务落实到自己的行动中。一个人的能力有大小、职业有差异、职位有高低，但只要能把个人追求与集体进步、国家发展、人民利益紧密联系起来，把为人民服务化作自己自觉的行动，就能在平凡的人生中不断地为集体、为国家作出贡献。

二、中国梦视域下大学生思想道德教育的新途径

在中国梦视域下，大学生的思想道德教育应当发掘更多的新途径，以取得更好的教育成果。当代大学生的思想道德教育应该采取更灵活多样的教学方式，培养良好的校园教育环境，并依托优秀的区域文化资源，把中国梦下的思想道德要求注入大学生的人生品质当中去，让中国梦深入人心。

(一) 采取灵活多样的教学方式

1. 案例教学方式

在现实教学中，一些教师或者拘泥于教材的知识体系，教学模式单一、授课方式死板，脱离了学生的实际生活，忽视了学生情感体验和师生互动，缺乏时代感、显得不切实际；或者压缩课堂的讲授时间，花大量的课时让学生自由讨论或进行其他实践活动，而对这些活动又缺乏必要的引导和参与，使得教育效果大打折扣。高校思想政治理论课特别是其中的"思想道德修养与法律基础"课程一直是高校思想道德教育的主阵地，该课程内容丰富且理论性强，主要的教学任务是帮助学生树立正确的思想观念，坚定中国特色社会主义的理想信念，确立正确的人生观、价值观、道德观和法制观。因此，在教学中引入大量的案例会给学生更加鲜明的印象，更能引发学生的共情，从而让思想道德教育的核心深入学生的人生观和价值观。

2. 启发教学方式

用启发式教学代替注入式教学，改变呆板的说教模式显得尤为重要。大学生思想道德教育，如果仅是教师单方面努力，或者总是依靠教师照本宣科、学生死记硬背的教学方法，而不注重创造良好的学习气氛来激发学生的学习兴趣和内在潜能，发挥他们的主观能动性，很难达到提高学生素质的目的。

教师应在教学活动中设计一些学生感兴趣的、与现实生活相关的问题并适当提出来，以激发他们的学习兴趣，活跃他们的思维，让他们领悟到其中蕴含的思想道德与法律教育内容，真正吸收其中有意义、对自身思想道德水平的提高有价值的东西。教师选择问题，既要结合教学的内容和特点，又要着眼于理论与实际的结合，以社会或学生关心的热点、难点问题为首选。

3. 互动教学方式

构建师生互动的教学模式就是变传统意义上的教师"只教"、学生"只学"的教学方式为师生互教互学的方式，即构建一种师生平等交往、共同发展的教学互动关系。这样可以使学生与教师围绕课程和教学内容，以言语为主要的交流形式，促进学生发挥学习的主观能动性，始终对学习活动有浓厚的兴趣。师生互动包括"教师—个体""教师—小组""教师—群体"三种形式。

"教师—个体"互动是指在教学工作中教师与学生一对一地交流，教师对大学生进行个别的提问、分析、反馈和辅导。这一互动形式能针对学生的行为表现和具体问题，给予学生受关注、受重视的感受，有利于调动大多数受教学生对教学内容的关注，同时也有利于培养学生独立思考、准确把握问题重点及语言表达的能力。

"教师—小组"互动是指教师根据教学需要，将学生分为若干小组，并在教师的协调组织下，小组成员通过讨论实现互动。这种互动形式广泛存在于探究学习、合作学习、研究性学习的教学活动中，对于培养大学生的团队精神、合作意识、和而不同的品德以及辩论能力很有帮助。

"教师—群体"互动是指教师在教学过程中就答案相对固定的某一问题与所教的全体学生进行交流，并观察学生的一般性答案或群体性反应，在此基础上，教师给予适当的反馈和指导。这一互动模式有助于引导全体学生提高对教学重难点的关注度，加深对正确答案的印象并及时掌握、吸收。但在高校思想道德教育的实践中，由于理论知识的抽象性，加之一些大学生觉得其中涉及的历史知识和社会规范呆板无趣，影响了他们接受与理解的有效性，甚至会造成少数学生思维混乱或者毫无反应。

（二）培养良好的校园教育环境

人不可能离开一定的环境而存在，大学生思想道德教育的形成也离不开环境的塑造，因而营造良好的校园环境，对大学生思想道德教育具有不可忽视的影响。良好的校园环境对大学生的思想道德教育质量的提高有着重要影响。校园环境既包含校园内各种建筑、各种设施形成的物态硬环境，也包含师生关系、学风校风等无形的软环境，其中校园软环境对大学生思想道德潜移默化的作用尤其值得重视。

（三）依托优秀的区域文化资源

很多高校办学历史悠久，史料积淀深厚，校友众多，遍布各行各业，具有在弘扬传统文化、培育社会主义核心价值观、建构大学人文精神方面的独特作用，大学生思想道德教育离不开这一教育价值含量大的资源库。为使大学生思想道德教育更接"地气"，需要充分利用针对性、生动性和感染力很强的校史、校友资源及学校所在地的区域优秀文化资源，作为培养大学生思想道德教育不可复制又取之不尽的教育题材,以丰富高校思想道德教育的内容,增强大学生思想道德教育的实效。

校史是对学校办学发展历程的真实记载,保留着学校变迁和教职员工教育教学、科学创新、组织归属和群团生活的事实和证据材料,记载着学校师生运用专业知识服务社会的卓越贡献。校史资源具有贴近大学生、贴近校园生活的优势,是一本生动的大学生思想道德教育教科书。但凡高校,都会经历初创、发展、壮大、变迁的曲折历程,都会形成自己的办学特色、学科优势,产生不同风格的学术流派和各具魅力的大师名人,形成一大批教学和科研成果,服务于国家和地方的经济社会发展。

校友一般是指曾在学校或研究所接受过学历教育最终获得国家承认学历的人员,同时也包括曾在该校工作过的老师和行政后勤人员。而校友资源则是指校友自身作为人才资源的价值以及校友所拥有的财力、物力、信息文化和社会影响力等资源的总和。校友资源是高校发展的重要社会资源,集聚财力资源、人力资源、智力资源和信息资源于一体,在促进高校育人工作中发挥关键性作用。

自20世纪80年代以来,我国高校管理体制改革和激励的竞争要求高校在国家财政补贴基础上争取更多社会资本,随着社会主义市场经济的发展出现了众多杰出校友,高校校友资源开发步入一个快速发展阶段。我国高校是培养社会主义合格建设者和可靠接班人的重要阵地,校友作为高校办学成果之一,以其学脉同宗、精神相承的优势与在校大学生有着更深的亲切感,他们的教育履历、工作经历和人生阅历像"活教材"一样对学生的专业学习和人生方向产生全面影响,校友口述史和校友精神作为校园文化的重要部分对学生进行隐性思想政治教育。校友资源协同高校思想道德育人模式,以"引进来"和"走出去"相结合的方式来完善高校人才培养模式,进而提升人才培养质量。

第三章 大学生安全教育实践研究

第一节 大学生基本的安全意识、知识、能力

一、大学生应具有的基本安全意识

大学生进入高校，远离父母，逐步开始独立生活，除了要面对学习方法、人际关系、周围环境和生活出现的新情况和新特点外，还必须对社会治安形势和校园安全状况有所认知，具有全方位的安全意识，时刻保持警惕，做好自我保护工作。安全意识是大学生综合素质的重要内容之一。大学生应树立以下几方面的安全意识：

（一）维护国家安全的意识

国家安全是关系到国家存亡的大事。没有国家安全，就没有和平稳定的建设环境。每个公民都负有维护国家安全的责任和义务。当前我国面临的环境复杂多变，安全形势不容乐观。这主要表现为：境外敌对势力和间谍情报机构为达到分化、西化中国的目的，一方面利用各种渠道，以公开或秘密的方式，传播西方的政治和经济模式、价值观念以及腐朽的生活方式，培养和平演变的"内应力量"；另一方面，采取金钱收买、物质利诱、色情勾引、出国担保等手段，或打着学术交流、参观访问、洽谈业务等幌子，刺探、套取、收买国家和单位的秘密。大学生对国家安全还停留在军事、战争、国防、领土、情报、间谍这样一些传统的、局部的认识上。当前，国家安全既包括国土安全、主权安全、政治安全、经济安全、国防安全、国民安全等传统内容，也包括文化安全、科技安全、金融安全、信息安全等方面的新内容。因此，大学生在思想认识上要全方位理解国家安全，增强国家安全意识。

(二) 对社会治安形势及校园安全状况的认知意识

当前，我国正处在社会主义市场经济体制逐步完善的历史时期。利益的调整、观念的冲击、改革的阵痛，使各种社会矛盾和社会焦点问题不断增多，刑事犯罪活动呈增多之势，犯罪手段暴力化、方式组织化。近年来，爆炸、杀人、抢劫、绑架等暴力性犯罪十分突出，黑恶势力犯罪的危害非常严重，对人民群众的生命财产安全构成极大的威胁。而当今校园几乎完全融入社会，受社会治安形势的影响，校园犯罪也与社会同步，犯罪种类多样化，安全形势同样严峻。

(三) 主动的自我防范意识及面对突发事件的应变意识

社会治安形势的严峻和校园现实的安全状况，要求每一个大学生必须有主动的自我防范意识。无论是在日常生活中，还是在社会交往、处理社会事务、外出活动中，首先要考虑到安全，要有自我防范意识，包括防火、防盗、防抢劫、防性骚扰和性侵害、防食品中毒、防交通事故、防诈骗等。要培养自己处理安全问题的能力，掌握涉及社会安全、自身安全等方面的知识和技能，在灾害事故发生时能够采取正确的行动保护自己，采取有效途径减轻灾害事故的危害，包括火灾逃生、应对暴力、紧急情况下的自我解救等。突发事件一般是指难以预料、突然发生、关系安危的超出常规的特殊情况，具有复杂性、危险性等特点。在当前我国各种应急体系、公共服务体系逐步健全的同时，大学生也必须有面对突发情况的应变意识。

(四) 遵纪守法的自律意识

遵纪守法是每一个公民的义务和行为准则，更是大学生应该具备的意识。优秀校园文化的熏陶和国家法律、校规校纪的约束是青年大学生健康成才的两个极其重要的方面。由于目前少数大学生法治观念淡薄等原因，致使大学校园内违法乱纪现象屡有发生。而随着近年高校办学规模扩大，校园开放程度增大，违纪事件呈现出上升趋势。例如，校园中一直较为突出的盗窃、打架斗殴、聚众赌博以及近年出现的涉黄涉毒、制造计算机病毒等违法或违纪事件，不仅严重影响学校教学秩序和生活环境，而且也危及社会秩序

和国家长治久安。因此，作为大学生来讲，必须严格自律，必须有遵纪守法意识，遵守社会基本准则，依法规范、约束自己的行为。要全面提高自身素质，增强法治观念，自觉遵纪守法，不去侵犯国家、集体的财产和他人的人身、财产安全，不危害社会，不参与违法犯罪活动。

（五）积极应对挫折的健康心理意识

挫折是大学生成长中不容忽视的问题。大学生在学习、生活、健康、人际关系等方面均不可避免地面临着各种挫折，它直接影响着大学生的社会化进程及其身心的健康发展。因此，大学生在遭遇挫折时要具备积极应对挫折的心理意识，要树立正确的价值观，冷静、客观地认识挫折、分析挫折、克服挫折，有效地控制自己的情感，提高分析问题和解决问题的能力。要培养健康的心理品质和心理承受能力。只有形成健康的心理品质和心理承受能力，使自己在心理意识上与外部环境取得认同，才能正确认识社会的复杂性、多样性，消除自己在认知社会过程中的心理异常，促进认知结构各要素间相互协调发展，自我调整心态，心胸开阔，克服心理障碍，健康成长。

二、大学生应了解的基本安全知识

大学生通过学习和实践，应掌握以下几方面的基本安全知识：

（1）维护国家安全、保守国家秘密、维护校园稳定的知识，包括国家相关法律、法规的基本内容，西方敌对势力等邪教组织、民族分裂势力、非法宗教势力破坏我国政治稳定的政治目的和活动方式，以及维护国家安全、保守国家秘密、维护校园政治稳定、创建和谐校园、外事纪律、涉外安全等方面的知识。

（2）防范恐怖活动、应对突发事件的知识，包括恐怖活动的现状、恐怖活动的主要形式以及应对各种恐怖活动的方法，公共突发事件的类型及应对方法等方面的知识。

（3）防范火灾、交通事故的知识，包括火灾事故产生的原因和条件，火灾的预防，起初火灾的扑灭，火灾报警，灭火器的种类、用途、使用方法和火灾中的逃生方法；与大学生有关的交通事故的主要类型和教训，行人、骑自行车人、机动车驾驶人应遵守的交通法规，发生交通事故的处置等方面的知识。

（4）维护人身财产安全方面的知识，包括防凶杀、防事故伤害、防盗、防抢夺、防抢劫、防诈骗以及发生人身财产被伤害或侵害后如何处置等方面的知识。

（5）科学使用网络方面的安全知识，包括网上交友安全，抵御不良信息侵害，上网的生理、心理安全以及预防网络违法犯罪等方面的知识。

（6）保障教学安全方面的知识，包括教室学习、自习、实验、实习、社会实践和体育运动等方面的安全知识。

（7）心理安全方面的知识，包括对正常的恐惧、担心、忧伤、愤怒等情绪反应的了解，以及不健康的心理表现，性心理健康知识，预防不健康心理的方法和措施等知识。

（8）预防大学生违法犯罪方面的知识，包括大学生违法犯罪的主要形式和原因以及大学生违反学校纪律的主要表现和原因等方面的知识。

（9）日常生活中的安全知识，包括预防传染病、食物中毒等，发生案件、事故和疾病的报警求助，吃、穿、住、行以及进行社会活动人身财产、生命安全等方面的知识。

值得强调的是，要强化实践性安全教育环节，提高学生专业安全文化素质。在校期间组织的实践性教学环节是学生与生产实际联系最密切的教学手段。实践性教学环节的安全教育与训练，应该从生产实习、专业实习到毕业实习，甚至各门课程的实验教学，都要在教学大纲中加入安全文化教育和安全技能培养的内容。课程设计和毕业设计要纳入安全技术类选题，常规性设计题目要增添系统安全性、可靠性的内容，使学生在安全生产实践中深刻领悟安全的重要性。

三、大学生应掌握的基本安全能力

大学生安全教育，是指高校管理者和教育者以党和国家法律、法规、方针、政策为依据，以全面提高大学生综合素质为目标，以安全责任、安全意识和安全知识为主要教育内容，通过入学教育、课程教育和日常教育等多种途径，使在校大学生增强安全意识，全面系统地掌握安全知识，形成基本的

安全能力。[①]

(一) 大学生基本安全能力

1. 大学生防范各类事件和抵御非法侵害的能力

大学校园已由过去封闭型的"世外桃源"变为开放型的"小社会",治安形势更显复杂和严峻。而安全问题不仅是学生在校学习、生活中经常遇到的问题,也是今后毕业走向社会经常遇到的问题。大学生在校学习科学文化技术知识的同时,应更多地学习、了解、掌握一些法律知识和安全常识,可以依靠法律法规的力量保护自己,维护自己或他人的正当权益。因此,加强对大学生的安全教育与管理,让大学生有针对性地学习必要的安全知识和法律法规,掌握必备的安全防范技能,增强遵纪守法观念和安全防范意识,提高大学生防范各类事件和抵御非法侵害的能力,预防和减少违法犯罪,具有十分重要的意义。

2. 大学生防范各类事故和抵御自然灾害的能力

地震、雷电、洪水等自然灾害都有可能给生活带来危害。虽然有时无法避免,但可以探究其内在规律,有效地预防和规避。对于火灾、公共事故灾难、公共卫生事件等危害,通过时刻增强安全意识,全面、系统掌握安全知识,提高大学生防范各类事故和抵御自然灾害的能力。

3. 维护和谐校园,保护自己身心健康和救助他人的能力

学生的安全知识和安全意识提高,不仅能够帮助大学生识别身边随时可能发生的危险,并通过自身掌握避险和逃生的技能在遇到危险时成功自救,把危险和损失降到最低,而且能在他人危险的时候给予正确的帮助,同时也能够使大学生对可能发生的危害有高度敏感性,自觉维护校园公共安全,防患于未然。加强在校大学生的安全教育,能够完善在校大学生的知识结构,维护和谐校园,提高保护自己和救助他人的防灾抗变的能力。

(二) 大学生安全能力的培养

大学生的安全问题总会在其校内外的学习与生活中遇到。因此,要做

[①] 奉中华,张巍,仲心. 大学生教育管理的创新与实践研究 [M]. 长春:吉林人民出版社,2021:81.

好安全防范工作，防止伤害事故的出现，化解遇到的安全问题，关键是依靠大学生自身的防护能力。在大学生学习安全知识的基础上，应该培养训练大学生处理、应对安全问题的能力。大学生避险能力与自我救助能力的提升是学校安全教育的重要内容，具体可在以下方面进行必要的训练：

1. 训练大学生学习生活中对设施、用品的安全使用能力

大学生活中的许多因素可以成为危险因素，在学校安全教育中应帮助大学生识别危险因素，培养其基本的使用能力，如用火、用电、用水、用药，学会正确使用开关，了解家庭和寝室的电源布置、总开关的位置，面对复杂情况学会自救与求助等，通过危险情景模拟处理，提升大学生的自我安全防护能力。

2. 培养大学生对环境安全的判别能力

正确地判别周围生活环境的安全性，是大学生重要的自我防护能力的体现。在学校安全教育中应训练学生判别环境的安全性，如校园内外附近存在哪些不安全的因素？什么地方相关危险性高？看到井盖打开了应该注意什么？如要游泳，应具备什么条件？通过对学生生活环境安全的判别训练来提高大学生的自我防护能力。

3. 提高大学生的自我防护和安全交往能力

大学生认识世界总是一个逐步扩大的过程。在这一过程中，随着社会流动性的增强，陌生人员进入校园，其对大学生的伤害是重要因素。训练大学生如何与陌生人交往是大学生安全教育的重要内容，其中提高大学生的自我防护和安全交往能力是大学安全教育的关键内容，尤其是如何处理与社会不良人员的交往问题、如何自我防护、如何寻求帮助等。

4. 增强大学生耐受挫折的能力

大学生的心理、生理不成熟，有的学生耐挫能力弱，面对难以承受的困难和挫折会形成严重的心理问题。大学生应正确认识学习、生活中的挫折，正视遇到的困难，学会倾诉，学会自我调整，学会主动寻求帮助，提高自我化解心理压力的能力。

高等教育把安全素质教育作为培养合格人才的一项重要内容，大学安全教育是高校学生形成正确安全观念的主要途径。通过教育，使大学生明确安全的含义，确立安全意识，形成安全观念，从而为维护高校和社会的安全

与稳定作出积极贡献。大学生安全教育是高校安全工作首要的内容，是高校形成稳定、安全局面的有力保障，也是高校安全工作得以顺利开展的前提和条件。

第二节 突发公共事件及防范

突发公共事件是指突然发生，造成或者可能造成重大人员伤亡、财产损失、生态环境破坏和严重社会危害，危及公共安全的紧急事件。我国最新公布的《国家突发公共事件总体应急预案》将突发公共事件主要分为自然灾害、事故灾难、公共卫生事件、社会安全事件四类；按照其性质、严重程度、可控性和影响范围等因素分成四级，特别重大的是Ⅰ级，重大的是Ⅱ级，较大的是Ⅲ级，一般的是Ⅳ级。

自然灾害主要包括水旱灾害、气象灾害、地震灾害、地质灾害、海洋灾害、生物灾害和森林草原火灾等。事故灾难主要包括工矿商贸等企业的各类安全事故、交通运输事故、公共设施和设备事故、环境污染和生态破坏事件等。公共卫生事件主要包括传染病疫情、群体性不明原因疾病、食品安全和职业危害、动物疫情以及其他严重影响公众健康和生命安全的事件。社会安全事件主要包括恐怖袭击事件、经济安全事件、涉外突发事件等。

突发性事件是指由高校的内外因不可预知或不可控制因素引发的危及学生身心健康和生命安全的突发事件，如学生自杀、自残、自虐性事件，学生离校出走性意外事件，学生打架或群殴事件，学生重大失窃事件，学生失踪事件、发生交通意外或其他重大恶性事故等。

在突发公共事件发生后，大学生应首先以健康的心理、平和的心态冷静对待。要冷静判断，分清是非曲直，不能轻信谣言，要相信党和政府有能力领导人民战胜灾害，要相信学校有能力维护校园的安全。坚信党和政府、服从学校的管理是理想信念及组织纪律的要求。

在此基础上，大学生还应采取科学的手段和方法，掌握一定的相关知识，进行科学防范，要重视但不紧张，要胆大但不莽撞，要谨慎但不怯懦。此外，在应对突发事件中，大学生必须树立全局观念，增强大局意识，要克服个人困难，服从学校统一管理，努力为防控突发公共事件作出自己的贡献。

一、公共场所安全及报警求助

对于校园而言，公共场所主要是指体育场馆、教学区、图书馆、微机室、大型会议室、食堂、宿舍等人员密集的地方。

（一）出现拥挤局面时的应对方法

（1）在拥挤的人群中，要时刻保持警惕，发现有人情绪不对或人群开始骚动时，应迅速找位置撤出人群。切记：不要逆着人流前进，那样非常容易被推倒在地。

（2）发觉拥挤的人群朝着自己行走的方向涌来时，应该马上避到一旁，不要奔跑；千万不能被绊倒，避免成为拥挤踩踏事件的诱发因素。如果路边有可以暂避的地方，也可以暂避一时。

（3）若身不由己陷入人群之中，一定要先稳住双脚。切记远离店铺的玻璃窗，以免因玻璃破碎而被扎伤。

（4）如有可能，抓住一件坚固牢靠的东西，如路灯柱之类，待人群过去后，迅速而镇静地离开现场。

（5）在拥挤的人流中，不要采用体位前倾或者低重心的姿势，即便鞋子被踩掉也不要贸然弯腰提鞋或系鞋带。

（6）当发现自己前面有人突然摔倒了，要马上停下脚步，同时大声呼救，告知后面的人不要向前靠近。

（7）若被推倒，要设法靠近墙壁。面向墙壁，身体蜷成球状，双手在颈后紧扣，以保护身体最脆弱的部位。

（二）公共场所安全注意事项

（1）参加大规模公众活动时，入场前要看清楚出口所在的位置和各种逃生标志。切记：进入场地时的通道未必是逃生的最佳通道。

（2）如果是在足球场、舞厅、大型商场等人多的地方，除了出入通道，还应事先观察是否有其他逃生途径。

（3）体育场内最安全的地方是球场草地，如果发生意外的话，没有必要一定从进出通道挤出去。人散去后再离开是一种安全的选择。

（4）如果观看的是一场激烈的比赛，双方球迷情绪又比较激动的话，看完球赛后一定不要忘记除去身上佩戴的所支持球队的一切标志，以免遭到另一球队球迷的攻击。

（5）观看大型演唱会时，一定要注意看台的踏板是否牢固，不要和狂热的歌迷们一起站在踏板上，以防踏板不够牢固，造成坍塌事故。

（6）如果大型文体活动现场发生意外事故，不要盲目跟随人群拥挤逃窜，稳定惶恐心理后，仔细观察周围场地，寻找逃生机会。

（7）大型商场在打折时同样会聚集很多人，此时在上下自动扶梯时一定要注意站在右侧，抓牢扶手，尤其要注意脚下，不要踏空，以防摔伤。

（三）疏散注意事项

（1）保持安全疏散秩序，要防止拥挤、踩踏、摔伤等事故发生。

（2）高层建筑疏散应以事故发生层、以上各层、再下层的顺序进行，以疏散到地面为主要目标，优先安排受事故威胁最严重区域的人员疏散。

（3）逃生中切忌大喊大叫、乱窜乱撞，以免引起疏散人员的拥挤和混乱。逃生时一定要注意自我保护。

（4）疏散、控制事故态势原则上应同时进行。

（5）火灾疏散中禁止使用普通电梯运载人员。同时不要停留在没有消防设施的场所。

（6）注意观察安全疏散标志。

（四）各种危险报警求助

发现刑事、治安案（事）件以及危及公共与人身财产安全、工作学习与生活秩序的案（事）件时，及时报警是每一个大学生的义务。当学生遭遇各种侵犯、伤害或危险时，以及水、电、气、热等公共设施出现险情时，务必设法及时报警求助。要树立有危险和困难找人民警察，有突发疾病找120急救的意识。

1. 遇暴力侵害的报警求助、自救原则

（1）处理好安全性和及时性的关系。首先确保生命安全，其次设法及时报警。千万不要激怒违法犯罪分子。由于非法侵害具有暴力性，违法犯罪分子随时可能危害被侵害者的生命，此时报警求助，一定要在能够确保自身安全不会因报警而增加危险性的情况下进行，注意避开违法犯罪分子。

（2）遇险不慌，灵活应变，寻机自救。遭遇绑架、拐卖、非法拘禁、非法扣押等侵犯时，不要惊慌失措，应冷静机智周旋，然后寻机脱离险境。逃脱后应立即向警方报案，提供犯罪嫌疑人的有关情况。

2.发生非暴力性侵犯财产案件（如偷窃、诈骗、敲诈勒索等）的报警方法

案件发生后，受害人可以先口头报案，然后根据警察的要求在发案现场或者指定地点接受警察的案情询问。也可以准备一份详细的书面材料，到案件发生地的派出所或刑警队进行报案。书面材料中应包括：受害人的基本资料，侵害行为发生的具体情况，侵害行为人的具体情况（人数、姓名、性别、侵害手段、体貌特征）等。同时，注意妥善保护涉案现场和证据。

3.报警求助注意事项

（1）认真保护好现场和证据。要根据不同的案件情况确定初步保护的现场范围、人证、物证，以便在刑警人员到达时，能够为其提供尽可能多的线索。

（2）要保持联络的畅通。使用固定电话打完报警求助电话后，要等候一会儿，以备接警人员回电话询问有关情况；使用移动电话打过报警求助电话后，务必使手机保持待机状态。

（3）要牢记各种报警求助电话，灵活选择报警求助方式。常用的报警求助电话有：公安报警服务110、火警119、交通事故报警122、急救中心报警求助120和999。可以选择的报警方式包括本人就近直接报警、电话报警、委托他人协助报警、向巡逻车或巡逻民警报警等。110、119、122、120等报警求助电话免收电话费，投币、磁卡等公用电话均可直接拨打。

4.遭遇其他危险的求助报警方法

（1）野外遇险的求助报警方法

①呼喊求救。在距离道路或有人居住、活动的地方比较近的情况下，遇险者可以大声呼喊求救，直接喊"救命"；呼救时注意有间歇，以便听清对方回应；同时要注意保护嗓子，防止嗓子受伤失声。

②手机报警。用手机拨通110，可以尽快得到帮助。用手机拨打110，

不用拨所在地区号，电话接通后要向接警人员报告姓名、遇险情况和人数等；要讲清有无伤亡和需要什么样的帮助；要尽量准确地描述出自己所处位置，如果迷失方向，应尽量描述出附近的景观特征。报警后，要在原地等待救援，不要随便移动位置，当然，前提是所处的位置比较安全。

③烟火报警。如果没有现代通信工具，可以采用浓烟、火光作为求救信号。点火地点应尽量选择开阔、近水的地方。为使烟火效果更加明显，白天可在火堆上放些苔藓、青嫩植物、橡胶物品等使之产生浓烟；晚上可多放些干柴，使火烧旺。燃放三堆火焰是国际通行的求救信号，要将可燃物堆摆成等边三角形。

④哨声求救。当救助者离得不是特别远时，可以用哨子求救，哨声能传得很远，也利于节省体力。

⑤反光信号求救。有阳光时，可以用反光信号求救。反光材料可以用镜子、金属罐头盒盖、玻璃片等。进行反光时不要拿着反光材料不动，要对准远处的人或建筑物窗口轻微晃动，动态的信号更能引起注意。

(2) 突发疾病的报警求助

①电话求助是首选的方法。全国统一的急救免费求助电话是120。无论固定电话还是手机，均不用加拨区号，直接拨120号码，包括各种公用电话，不需插卡或投币都可直接拨打。电话接通后，要详细讲清病人情况、事发地点，并留下求助人的联系方式；如果事发地点是不熟悉的，要尽量描述周围标志性建筑物或景物。求助后应有人在距事发地点最近的路口、车站或标志性建筑物附近接应救护车，见到救护车要招手致意，并引导救护车前往事发地点。也可直接拨打110求助电话，民警会根据需要帮助转接。

②在校内突发疾病，求助于周围同学、老师是比较直接的方法。大家可以合力将病人送往最近的医院进行救治。但这只局限于一般外伤或病因明确且适宜搬动的病人，对多发性骨折、心脏病等不宜搬动的病人，必须等待医生或救护车前来救援。

③目前，许多大学已经建立了"校园110"报警救助系统，该系统配备了专门的人员和车辆、设备等，所以在校园内发现突发疾病者可拨打"校园110"进行求助。还有些大学里设有自动报警求助设施，也可利用其报警求助。

二、公共活动安全事件的应对

(一) 公共活动中常见的安全问题

1. 火灾事故

重大火灾事故一般发生在相对封闭的场馆或室内，火灾的诱因也多种多样，其中不乏众多的人为因素。一方面，消防观念薄弱，防范工作不到位，从而导致火灾隐患在某种条件下演变为火灾；另一方面，个别参加大型活动的人安全意识不强，违反安全管理制度也可能成为引发火灾事故的原因。因此，大学生在参加大型公共活动中，一定要严于律己、遵纪守法。这不仅能够展现大学生的文明形象，同时也是保证自己和他人安全的大事情。

2. 群体纠纷

群体纠纷可分为个人与群体的纠纷、群体与群体的纠纷两大类。尤其是群体与群体的纠纷，在大型公共活动中比较常见，危害后果较个人与个人或个人与群体之间的纠纷要大得多。出现这类安全问题，不仅损害了大学生的良好形象，损害了学校的声誉，妨碍了内部团结，妨碍了学校之间、班级之间、单位院系之间的团结，有时还可能酿成刑事治安案件。大型公共活动属集体生活的一种，同其他集体活动一样，它会对每一个参加者的个人素养、协作精神和集体主义观念进行检验。活动的正常有序进行，与高水平的组织工作固然分不开，同时也有赖于每一个参加人的密切配合，即个人应服从集体、局部应服从全局。而个别人在参加大型公共活动过程中，不注意规范自己的言行，片面突出自己或小团体的利益，做出种种影响活动秩序、引起他人不满的事，从而埋下发生纠纷的祸根。更有个别素质不高的人借大型公共活动之机蓄意滋事，惹是生非，引起他人的强烈反感，极易引发冲突。

(二) 公共活动中常见安全问题的预防

1. 提前防范，增强预见性

所谓提前防范，是指在事故发生前做好应对异常情况的准备，在事故发生初期能够采取有效的措施预防产生更严重的后果。

(1) 要有预见性。入场前，首先要对场内的情况进行基本了解。注意观

察所处场所太平门、安全出口、安全通道、安全部位的位置，万一发生突发性事件可以从容脱险。要善于识别事故的先兆，不要参加管理松弛、秩序混乱或存在明显安全漏洞的大型活动。另外，发现周围的同学和朋友正在做有损安全的事，要把其视为对自己和公众的威胁而进行制止。

（2）要沉着冷静，随机应变。大部分事故都有突发性，使人猝不及防。无数经验证明，临危不惧，保持冷静的头脑和理性的状态是能化险为夷、转危为安甚至死里逃生的重要主观条件。以火灾为例，火灾的发生往往是瞬间的、无情的、残酷的。根据火灾现场调查，在各种恶性火灾事故中，80%的死者都是因烟熏窒息而死，这是因为大部分人都缺乏逃生知识。如果不能正确地把握稍纵即逝的逃生机会，沉着、冷静地运用逃生本领，就有生命危险。平时，我们在掌握逃生和自救的知识和方法的同时，也要加强心理素质的训练。

（3）要准确判断。只有判断准确，才能保证采取准确的行动。准确判断要求在极其危险的环境中，在极其短暂的时间内作出。判断内容主要包括：发生了什么事、规模及危险程度；大家及自身处境；能够争取的时间；能够借助的工具、物品等；摆脱险境的条件；群体互助的利弊。准确判断可以减少行动的盲目性、曲折性、无效性，增强其针对性、及时性和有效性。任何大型公共活动中的逃生和自救活动，都是以个人的心理素质和相关知识、技能如何为基础的。

2. 心态平稳，避免过激言行

在大型公共活动的场合，因为人多而集中，人与人之间的摩擦在所难免。在这种情况下，心态平稳、避免过激言行是特别重要的。无论在何种情况下，凡遇到这种情况，首先要保持平稳的心态，心平气和地同对方讲话，以理服人。不强词夺理，不恶语伤人，要文雅，不讲粗话，互相尊重，不讲大话，不盛气凌人。其次，要保持健康的心理，一方面，在参加一些具有对抗性质的大型公共活动时（如体育比赛等），要注意保持情绪平稳，避免偏激的言行；另一方面，在参加大型公共活动时要有所甄别，认识到参加哪些活动对自己有益，哪些活动不利于自己，尤其不能参加社会上举办的某些不良公共活动。

3. 自我克制，防止矛盾激化

矛盾的发生和进一步的激化往往和不能自我克制、不能冷静对待有着紧密的联系。无论争执和矛盾由哪一方引起，都要保持冷静的态度，绝不可情绪激动，要大度些。对于那些可能发生摩擦的小事，要宽容，最好一笑了之。在发生矛盾时，要认真听取他人意见，认真进行自我批评，宽容他人的过失，处理好相互的矛盾。要做到自己绝不用言语先伤害别人，当别人用语言伤害自己的时候，也要能承受得起。

4. 遵章守纪，服从统一管理

大型公共活动一般都由组织者安排专人带队或设有专门的安全保卫人员。他们对现场的情况会有比较全面的了解，也能比较及时地发现场内的不安定因素，同时具有一定的防灾避险知识，一旦发生紧急情况，他们会按照预案进行事态平息或人员疏散工作，从而使事故的危害降至最低点。遇有事故，要在指挥者的命令下有秩序地撤离。大型公共活动中如发生安全事故，指挥人员一般会要求受害群体采取多元、多项紧急疏散措施。发生紧急情况时，大家要克服趋同、从众心理，不要朝同一方向狂跑。慌乱的人群高度密集，必然会堵塞通道，形成互相挤踩、人为扩大损失的后果。这样的教训是非常惨痛的。

另外，如果条件允许，要积极协助他人脱出险境。未受伤的要救助伤者，强者要救助弱者，男性要救助女性，青年人要救助小孩和老年人，竭尽全力争取全体成员都脱离险境，这是在群体自救中必须遵循的原则之一。总之，只要大家在灾难面前保持清醒的头脑，采取科学的逃生和自救手段，步调一致，共同努力，大型公共活动中的安全问题是可以预防的，各种灾害、灾难是可以战胜的。

(三) 大学生应掌握的应对公共活动安全事件的常识

高校大型群体活动较多，活动场所安全控制及紧急情况下人员疏散任务很重，尽管学校采取了一定的安全措施，但突发事故的发生还是会给师生带来生命安全的威胁。此外，大学生还经常去校外公共场所参加活动。因此，具有应对突发群体事件的意识和常识是十分必要的。

(1) 参加大型集体活动要穿有利于安全疏散的鞋，尽量穿平底系带的鞋。

（2）进入场地前先观察熟悉公众聚集场所的安全疏散通道等环境，观察了解并找到安全通道、应急出口的位置，一旦发生危险后，可以有目标地脱险。

（3）当身不由己陷入混乱的人群，置身于拥挤的场所中，面对惊慌失措的群体时，一定要保持冷静，要远离店铺或柜台的玻璃，防止被扎伤；双脚要站稳地面，如果具备条件，可以抓住身边牢固的物品。

（4）在有空间局限的场所，如影院、球场、商场、彩票销售点和车船上遇到突发情况时，个人应听从组织者的安排，在组织者的疏导下有序撤离，做到互相谦让，特别是让老人、妇女、儿童首先撤离到安全的地方。

（5）如果出现拥挤踩踏的现象，应及时联系外援（如拨打报警或急救电话等），寻求帮助。

（6）如果在行进中，发现慌乱的人群朝自己的方向拥过来，应快速躲避到一旁，等人群过去后再离开。如果身不由己被人群拥着前进，要用一只手紧握另一手腕，双肘撑开，平放于胸前，微微向前弯腰，形成一定的空间，保证呼吸顺畅，以免拥挤时造成窒息晕倒。同时护好双脚，以免脚趾被踩伤。如果自己被人推倒在地上，这时一定不要惊慌，应设法让身体靠近墙根或其他支撑物，把身子蜷缩成球状，双手紧扣置于颈后，虽然手臂、背部和双腿会受伤，却保护了身体的重要部位和器官。此外，在拥挤人流中要尽量"溜边"。

（7）现场发生起哄，开始拥挤，切忌凑热闹，应迅速撤出。如明显有坏人捣乱，能扭送公安机关的立即扭送，情况不允许的应设法立即报告。

（8）到公众聚集场所，最好事先能对相关的情况有所了解。如果组织单位不正规，管理较松懈，场所不规范，内容不健康，安全没把握，最好不要参加。

（9）保持清醒头脑，处乱不惊。不论发生何种意外事件，只要条件允许，就要保持镇定，临危不惧，迅速、果断采取有效措施。现场如果有人指挥、组织疏散、撤离，应服从现场指挥，不可慌乱盲动。

三、突发公共卫生事件的应对

(一) 突发公共卫生事件的概念

突发公共卫生事件是指突然发生，造成或者可能造成社会公众健康严重损害的重大传染病疫情、群体性不明原因疾病、重大食物和职业中毒以及其他严重影响公众健康的事件。

(二) 预防及应对突发公共卫生事件的措施

平时养成健康、卫生的生活习惯，积极做好预防。平时应加强体育锻炼，避免过度劳累，不吸烟，勤洗手，注意个人卫生等。注意保持室内清洁，空气流通，注意饮食卫生，养成良好的卫生习惯，应尽量避免在校外不洁饮食摊点就餐。春秋两季疾病高发期，不去人流多的地方。

在突发公共卫生事件发生时，要妥善应对。要尽可能全面了解有关的信息，做到心中有数，可以通过网络、报纸以及学校发放的宣传资料来了解该种疾病可能的传播途径、最典型的特征、基本的预防方法、遇到感染者该如何处理等，搞清楚在什么情况下该怎么做，最大限度地保证自己的安全。如出现传染性疾病，自己要注意远离传染源，尽量避免在商场、影剧院等通风不畅和人员聚集的地方长时间停留。针对在突发公共卫生事件期间，相关消息的来源很多，甚至很多消息本身自相矛盾，在注意信息本身的同时，更应该关注信息的来源。大学生应有鉴别能力，选择性地接收外界信息，了解真实情况。在自己周围发生了突发公共卫生事件后，应保持积极的心态，充分发挥自己的主观能动性。对于任何人，染病的危险都是存在的，恐慌、紧张是没有必要的，更是没有用的，不如按部就班地采取能做到的预防措施，尽量保持正常的学习和生活。可以通过对房间进行消毒、勤洗手、服用预防药物等方法来消除隐患。每一个人都可以根据自身需要，寻找一些无危害的方式来平稳自己的情绪。在疫情面前要树立信心，要保持情绪稳定，按照专业人士推荐的防御方案积极应对，不要被恐惧吓倒，要冷静面对各种突发公共卫生事件。

第四章 大学生创新创业教育实践研究

第一节 创新与创业教育概述

一、创新、创业的含义及其相互关系

(一) 创新的含义

社会在不断创新中发展进步，人类通过创新获得完善与提升——创新是人类文明的源泉。未来社会的竞争是创新能力的竞争，谁的创新能力强，谁就会走在前列。

根据韦伯斯特词典的解释，"创新"的基本含义是引入新东西、新概念或制造变化。这里的关键概念是"新"。

创新在经济、技术、社会学及建筑学等领域的研究中举足轻重。创新是创新思维蓝图的外化、物化。创新的本质是进取，是不断地推动人类文明进步。创新要求淘汰旧观念、旧技术和旧体制，培育新观念、新技术和新体制，它不是简单的重复和复制。创新强调通过人们的进取精神，对自然资源和社会资源进行符合人类需要的重新配置。

创新是全局的创新，党的十八届五中全会提出，要推进理论、制度、科技和文化等各方面的创新，让创新贯穿党和国家的一切工作，让创新在全社会蔚然成风。创新是对政治、经济、文化、社会等领域全方位的覆盖，不应简单地停留在将"创新"等同于"科技创新"单一的思维模式上，要以全局的思维和高度，全面理解创新的范围和内涵。

(二) 创业的含义

广义地，创造新的事业的过程，即主动地并带有一定风险性质的重新配置并运用社会资源进行社会实践的主体活动都可称为创业。创业具有三重

属性：创业是活动主体主动进行的实践创造；创业是对社会资源的重新组合和配置；创业具有一定的风险，需要付出较大的艰辛，也可能会遭遇磨难。狭义地，将创业作为一个经济范畴，主要是指个人或团体依法登记设立企业，以营利为目的地从事有偿经营（生产、加工、销售、服务、分销或组合）的商业活动。

大学生自主创业是指狭义的创业，它是指大学生毕业后不是通过传统的就业渠道谋取职业发展，而是利用自己的知识、才能和技术，以自筹资金、技术入股、寻求合作等方式开办企业，从而让自己还为社会上更多的人创造就业机会的过程。

（三）创业与创新的基本关系

1. 创新是创业的手段

创业者只有通过创新，才能使所创的企业生存、发展并保持持久的生命力。尤其是大学毕业生创业，更需要创新，要有创新意识、创新思维、创新技能和创新品质，如果没有创新，整个的创业链条就会断裂。创新是创业者实现创业的核心，创业者通过创新实现创业，创业者要通过创新实现创业精神，而创业精神既是创业者必须具备的品质，是创业者的一种内在品质，也是创新的一种具体表现。

2. 创新是创业的基础，创业是创新的载体

创新是对人的发展总体的把握，创业是对人的价值的具体体现。仅具备创新精神是远远不够的，它只是为创业成功提供了可能性和必要的准备，如果脱离了创业实践，缺乏一定的创业能力，创新精神也就成了无源之水、无本之木。创新精神所具有的意义，只有作用于创业实践活动才能有所体现，才有可能最终产生创业的成功。创新与创业要有机融入，相辅相成。

3. 创业离不开创新

创业与创新立足于"创"，"创"是共同点，是前提。"创"的目的是创新立业。创新在于所创之业、产品、观念、机制能不能弃旧扬新、标新立异，尊重与推行人民群众的首创精神，能不能适应时势变化，做到解放思想，实事求是，与时俱进，常变常新，推动社会历史前进；没有创新，创业就无从谈起，创新和创业是密不可分的实践活动。在创业过程中，新产品的开发、新

材料的采用、新市场的开拓、新管理模式的推行等，都必须有创新的思维作先导，创业才能成功。没有创新思维与创新决策，就无法开创新的事业；没有创业实践，创新意识就无法转化为新的产品，创新就失去了意义。创新不是蛮干，而是巧干；不是凭空想象，而是源于对知识的掌握，对现实的了解，对事物客观规律的准确把握。创新与创业是相辅相成的，无法割裂的关系。

总之，创新和创业相互联系，不可分割。只有坚持创业，面貌才能改变，经济才能壮大；只有坚持创新，才能与时俱进，永葆活力。只讲创业不讲创新，可能是鲁莽草率，违背科学的发展观和正确的政绩观；只唱创新的高调，好高骛远，而不扎扎实实艰苦创业，付诸实践，最终只能坐而论道，失去根基。

二、创新意识与素质实训

(一) 建立大学生创新创业实训中心

1. 创新创业实训中心的宗旨

创新创业实训中心为创新教育及实用化人才的培养而服务。培养学生的创业精神，提升学生的实践能力，使大学生尽早地认识企业文化，实现对口产业所需人才的无缝对接，提高学生的就业竞争力，使学生实现创业目标。

2. 创新创业实训中心的职责

通过学生自主组织、管理和运营，邀请专业教师进行指导培训，组织学生参加相关专业学术竞赛，组织开展创业案例讨论会等活动，旨在培养学生创业知识，倡导创业意识，促进学院学生学术创新氛围，培养创业、创新人才。

3. 创新创业实训中心建立的目的

为学校学生的就业和创业服务——提高学生的就业竞争力，促进学生的成功就业和创业，最终实现学生就业和创业目标。

4. 创新创业实训中心的功能

(1) 为大学生创业提供孵化平台

对创业带头人的创业项目提供创业孵化场地和公司基本运行设施，协助创业企业办理成立公司事宜及其他业务，帮助创业大学生充分享受政府对大学生创业的扶持政策，为大学生创业提供管理咨询、法律、会计、审计、评估、专利、企业管理、市场策划、国际行销等咨询服务。

（2）为大学生创业提供辅导

聘请创业方面的学科专家和创业成功者，对创业带头人或项目负责人进行有针对性的指导，并贯穿创业过程和企业发展的始终，使他们的创业能力和技能得到提高，创业项目不断完善，创业方案付诸实践，创办的企业健康发展。开展大学生创业培训，在大学生创业选型定位、培训内容、培训方法和指导过程等方面进行探索和创新，形成有效的教育与教学模式。

（3）开展大学生创业项目的开发与对接

组织大学生创业比赛，征集大学生创业项目，特别是通过向在校大学生征集创业项目以激发他们的创业意识与兴趣。定期举办全校大学生创业项目展，建立大学生创业项目库。面向社会和其他高校广泛征集可以尽快转化为生产力的科研成果，优先提供给希望创业又苦于没有好的创业项目的大学生。有条件地开展大学生创业沙龙，不定期邀请创业教育专家、创业成功人士和大学生进行指导和交流。同时，通过网络平台，增加大学生创业群体的沟通和交流。

第二节　创业机会与创业资源整合

创业机会识别是创业者开展创业活动的第一步，是决定大学生创业成功与否的关键因素。

一、创业机会

（一）创业机会识别能力内涵

迄今为止，尚未有学者对创业机会识别能力的概念作出定义。要回答什么是创业机会识别能力，就必须了解"创业机会"本质。而对于这一基本概念，不同学派曾持有不同的观点。比较有代表性的是奥地利学派和以萨

拉斯瓦西（Sarasvathy）为代表的学者，前者认为创业机会是客观存在的，是"可以被发现的"；后者则表示机会存在于创业者的主观世界中，是"可以被创造的"。随着创业研究的深入，这两派观点所存在的共性问题逐步显现，即在揭示创业机会本质的过程中，忽视了创业机会与创业者、创业环境之间的相互影响，未能反映创业机会形成与演化的复杂过程。因此，学界倾向于以融合的视角揭示创业机会的本质，认为创业机会"既需要被发现亦需要被创造"，归根结底，创业机会是存在于市场之中一定时间并且需要创业者发现、评估、改进的商业机会。

基于上述分析可以推知，创业机会识别的一般过程包括"机会发现—机会评估—机会改进"等步骤。创业机会识别能力则是创业者在"机会窗口期"与创业机会互动之中所体现出的一种综合能力，既包括创业者对市场机会的捕捉、发现能力，也包括对初步发现的创意进行分析、研判、加工的能力。这种能力是创业者信息搜索能力、风险感知能力、组织策划能力和资源整合能力等诸多能力的综合运用和外在体现，引领了创业活动的方向。

（二）影响大学生创业机会识别能力的主要因素及作用机理

实证研究发现，大学生的创业经验、知识结构、社会网络分别对创业机会识别三个步骤中的一个或多个产生影响。需要特别指出的是，这三种因素对大学生创业机会识别能力的影响不是线性的、单向的。它们之间也存在着相互影响，并最终影响创业机会识别能力。

1. 创业经验

创业经验是创业者在先前的创业过程中依赖于情境并通过具体案例方式获得的感性和理性的观念、知识和技能等，它的获取有赖于创业经历。拥有创业经验的创业者在以后的创业活动中会产生对问题以及行为方式的独到观点和认识，不仅会影响对创业机会的发现，而且也会影响机会开发过程的行为选择。尽管大学生中拥有真正创业经验的创业者不多，但这并不影响教育界和实践界对创业经验重要性的共识性判断。其作用机理主要表现在以下两方面。

（1）创业经验会帮助大学生创业者形成"创业警觉性"，有助于他们敏锐地发现"稍纵即逝"的机会。创业机会价值具有时效性，创业者必须在较短的时间内完成对一系列问题的思考判断并快速付诸行动,才能实现创业机会价值。此时,具备创业经验的创业者就更有优势,先前经验中所积累的信息塑造了创业者独特的洞察力,即"创业警觉性"。这种警觉性能有助于创业者发现初次创业者不易察觉的机会。

(2) 创业经验会给大学生创业者带来创业课程体系中无法学到"隐性知识",可以帮助他们规避创业过程中的陷阱,增强创业者大胆创业的自信心。相较于没有创业经验的创业者而言,拥有创业经验的大学生创业者积累了一定的市场分析知识能力、人脉关系拓展能力、风险感知能力等通过实战方能取得的"隐性知识",这使得他们在面对同样的机会信息时,能迅速把握创业机会后期开发过程中的关键点,进而形成正确的决策。

2. 知识结构

创业机会的形成是创业者与潜在的商机进行互动而形成的,这一过程也是创业个体在基于现有知识结构的基础上进行创造性、联想性思维活动的结果。而要进行创造性、联想性思维的前提就是个体需要掌握足够量的知识,形成比较完善的知识结构。具体到大学生创业者群体而言,完善的知识结构意味着"基础知识宽厚扎实、专业知识掌握灵活、横向知识丰富广博、工具知识准确熟练、方法知识科学高效"。

良好的知识结构对大学生创业机会识别能力的影响表现在以下两方面。

(1) 在机会搜索阶段。大学生创业者需要利用各方面的专业知识对整个经济系统中可能的创业创意展开主动搜索,这实际上是在复杂的市场信息中搜索有价值信息的思维过程。个体知识越广博,则越有助于创业者对市场中的相关信息和知识进行重组、匹配和加工,从而产生新颖性的创业构思。

(2) 在机会评价阶段。大学生创业者需要对机会的盈利性、可行性,以及机会所面临的系统性和非系统性风险进行预测、评估。这些都依赖于大学生创业者综合经济学、运筹学、统计与概论等多学科的知识进行综合分析、判断。因此,对于大学生创业者而言,良好的知识结构不仅意味着掌握拟进入行业的专业知识,也包括创业过程中需具备的营销、财务、法律、税收等知识。

3. 社会网络

创业的过程是摄取资源并进行整合的过程,良好的社会网络可以更好

地连接机会和创业活动。换言之，大学生创业机会识别能力除了受其自身专业知识、创业经验等"内在因素"的影响以外，这与其所"嵌入"的个人社会网络这一"外在因素"相关。

此处的"社会网络"是指大学生创业者在学习、工作、生活的过程中所形成的以个人社会关系为主的网络联系。大学生在创业意愿产生之前，其个人社会网络来自日常生活并服务于日常生活。因此，网络结构都与其个人偏好有着密切的关系。在产生创业意愿之后，其对信息与资源的需求显著增加，已有的社会网络无法完成信息与资源获取需求，对社会网络的改造成了自觉或不自觉的行为。就社会网络影响大学生创业机会识别能力的内在机理而言，主要表现在：①社会网络为大学生创业者提供一个跨学科、跨行业甚至是跨文化的信息交流平台，促进"知识转移"，进而使其拥有获取相关信息和建议的通道。比如，创业者与风险资本家、创业咨询机构的联系就可以作为获取关键市场信息和创业启动资金的一种途径。②社会网络可以为大学生创业者提供坚定的情感支持。大学生社会网络中的强关系（如亲属关系、同学关系）可以为创业者带来坚定的情感支持，情感支持有时会在左右创业机会识别中发挥特殊的作用。③个人的社会网络规模越大，社会资本就越丰富，摄取资源的能力越强，有助于大学生创业者整合资源、抓住创业机会，投身创业实践。

（三）高校培育大学生创业机会识别能力的主要路径

1. 优化创业教学模式，引导大学生储备"知识"

经过教育主管部门的大力推动，创业教育的规范化程度较之以往已有较大提高，主要表现在不少学校已经开发并设立了创业教育类课程，并纳入人才培养体系和选课系统，供有创业意向的学生自主选择。但研究各校的创业教育类课程教学大纲和教材内容，不难发现，课程内容同质化和固化的倾向不同程度地存在，对创业领域的新政策、新模式、新典型缺乏应有的介绍。创业教育的课堂教学是提高创业热情和提升知识储备水平的主渠道，然而课程内容同质化和固化难以使学生对所学课程产生兴趣，难以吊起学生创业的"胃口"。各校应加大创业教育课程群建设的力度，既要有"新创企业管理""创新与创业""商机发现与风险评估"等相对稳定的知识性内容，也要有"创业政策变迁与解读""创业热点面对面"等相对变化的政策性、形势感强的内容，在内容设计的"变"与"不变"结合之中，让学生切实感受到创业知识教育的逻辑性和吸引力。一旦这种效果达到之后，创业知识教育就会从"要学生学"变为"学生要学"。大学生就会更加关注身边的变化，在专业的眼光中发掘创业机会。比如，促使其阅读行业报纸杂志、创业类专题网站的习惯，培养其信息意识和收集信息的能力；经常参加相关专业技术前沿专题讲座、科技政策和产业政策报告会、相关产业界报告会等形式获取重点创业领域的信息等。

2. 扶持社会网络建设，引导大学生拓展"人脉"

社会网络不但是大学生创业者获得创业机会相关信息的重要渠道，也直接影响到创业机会开发和新企业运营所需的各种社会资源。然而，传统的大学教育主要是一种智力教育和专业知识教育，忽视了大学生情感教育和人际交往能力的培养。因此，学校要统筹校内各相关部门和社会资源，从政策层面营造鼓励大学生参与社会活动、建构社会网络、提高自身社会化进程。例如，将情感教育和人际交往纳入大学新生入学教育以及日常教育之中，通过开设社交类课程和专题讲座等方式传播交往知识与人际沟通技巧；建设一批学生社团，重点扶持好兴趣爱好型、学术研究型、公益服务型、创新创业型等学生社团组织建设，为大学生个人社会网络多样性生成提供条件；鼓励学生参与教师的横向科研课题和科技服务，让有意向创业的大学生能知晓相关信息，促进教师科技创业网与学生创业网的交叉、融合、资源共享；遵循自媒体时代信息传播规律，重视社交型媒体（如微博、微信）在拓展社交网络规模方面的作用，建设一批与创业主题相关的校方"微阵地"，让大学生参与话题讨论、增进彼此感情、获取相关资讯提供方便，促进大学生个人社会网络拥有更多的有助于创业的关键"节点"。

3. 统筹创业支持要素，引导大学生参与"实战"

（1）成立专门的大学生创业服务管理机构，配备创业专兼职导师，指导有创业意愿的大学生开展创业实践。

（2）划设专门场地，划拨专项资金，对有创业意愿的大学生开展拟创业项目评估，通过者可以入驻校内创业孵化基地，并享受租金减免、提供启动资金等优厚政策。

（3）与部分政府职能机构对接，让在校大学生知晓并享受到各类创业优惠政策。比如，协同工商、税务部门、地方政府兴办的大学生创业园走进校园，开展"创业政策进校园"活动。

（4）与风险投资机构、创业辅导咨询机构等社会中介机构对接，邀请他们与大学生创业者定期开展交流，为创业者解决创业过程中的各种困难。

二、创业资源整合

（一）大学生创业资源现状研究

1. 大学生创业资源组成

（1）政府资源在大学生创业资源中占据至关重要的比重。利用国家或区域的各种扶持政策，能够有效促进大学生的创业质量和成功率。政府资源主要包括相关创业财政政策、创业融资支持以及创业服务体系。政府资源不仅可以为大学生提供一定的资金支持，还可以营造有利的创业环境。在优质的创业平台中，学生贷款流程简化，从而获得优质的创业资源。

（2）企业资源可以提供更多的就业机会，搭建与之对应的产学研平台，获得岗位实践能力。大学生创业实践既可以创办企业，还可以带动更多大学生参与企业的运营管理，提升大学生的岗位实践能力，释放大学生的创新创业成果，为市场化、科学化运营提供指导。

（3）在大学生创业资源中，高校创业孵化基地的作用不容小觑，通过创业教学体系，学生可以学习与积累行业经验，并作出与创业相关的尝试。高校要发挥创业教学体系、训练体系以及孵化体系的优势作用，提供一对一创业指导服务，助力大学生创业取得预期的目标。此外，大学生创业还需要社会各个领域资源的协同配合，如家庭、金融机构、行业协会等领域。一方面，家庭需要给予积极的精神支持和必要的物质支持，另一方面，社会要健全对大学生创业资金的投入和优惠服务，并提供理论及实践的指导，形成一体化的社会资源保障体系。

2. 大学生创业资源面临的挑战

大学生阅历和人脉尚浅，资源渠道有限，缺乏足够的社会经验，很容易受到场地、资金的限制。很多大学生不具备获取资源的渠道，有形与无形初始资源不足，造成创业发展困难。一些大学生在创业前期，存在一腔热血式的理想化主义思想，对于个人技术、专业特长十分自信，然而受资源整合无力的困扰，引发创业资源效用较低。此外，大学生对国家创业支持政策了解不够深入，资源认知受限，学校所提供的创业资源参差不齐，政策资源的优势效应势不明显。此外，大学生创业资源协同整合意识薄弱，缺乏团队协调作战能力，对于社会竞争的激烈性认知不足，难以把握切实有效的政策性资源，造成大学生创业后续活力受限。

（二）基于大数据时代的大学生创业资源整合策略研究

1. 构建大数据资源平台

高校应该为大学生创业资源整合做好服务保障，首先获取优秀的商业计划，理性甄别商业计划提供者的建议，委托专业机构编制评估行动方案，合理预测和分析商业计划构思的可行性，不可盲目相信某种商业创意，全面对该商业计划进行论证，以期获取核心技术创业人才资源。在此基础上，充分融合数据清洗技术，应用云计算数据来集成产业变革数据，构建行之有效的创新创业服务信息。创业资源无处不在，依靠网络爬虫技术可以分析和处理网络最新的创业信息技术和内容。通过处理热点数据，精细管理网页、论坛、微博中的各项资源，提供持续更新的创业资源。与此同时，对资源进行实时监控，采取定期挖掘热点信息的方式，强化对大学生创业支持服务方式的稳定性和安全性，创设预留接口全面协调搜索以及查询体系，实时化管理产业变革数据，力争决策方案的准确性。优化数据资源档案，及时录入创业资源管理系统，增强自动化识别的性能。此外，借助大数据技术，做好创新创业有关政策的导向与传播工作，最大限度地挖掘其中有用信息，让更多的高校在校学生能够从国家的支持政策中获利。同时，选取成功与不成功的创业案例作为对比，提取其中失败的原因和关键点，让学生的创业积极性得到深度激发。

2. 构建互动式和碎片式创新创业指导体系

高校创新创业资源整合，还可以引入"微学习"模式，全面推行互动式学习模式，有效利用大数据支持，在保障培育质量的基础上，进一步缩短人才培育周期。互动式创新创业指导体系要发挥学生的优势互补效应，根据协

同一致的理念设计规划新型协作式研讨学习模式，打造教学相长、相互学习的创新创业活动，便于师生、生生之间对创业资源的分享与互动。创新创业活动不可一蹴而就，而是要遵循循序渐进的原则。在不同的培养周期之内，都必须恪守针对性育人机制，启动碎片式学习单元结构，及时完善学习内容和学习方式。让学生在夯实专业知识的基础上，改变传统创业资源的不足。强化信息交流和互补，利用兴趣引导式育人模式激发大学生的创业热情，结合大数据平台抓住学生的灵感。构建课外实训平台实现资源高效集约，避免学生做无用功。此外，改变以往固定、分时的学习手段，加强与业界之间的融合交流。采取创新创业反馈机制，以学生创业需求为根本，针对具体研究方向和内容展开强有力的资源渗透。在创新意识培养过程中，资源整合要开发实践创业课程，以突出个人能力作为目标，融合训练式、启发式多元化指导课程，为学生提供有效的锻炼机会。设置合理科学的评价标准，增强学生眼界和动手实践能力，整合平台中的业务技术，提高资源平台的辐射力和综合影响力。

3. 构建高效资源平台运行体系

大数据时代，创业资源共享平台建设要改变以往指导价值不强和管理混乱的弊病，不断寻求平台界面深度优化，采取多方保障措施加强对平台的管理，拓展创业活动的参考渠道。组织专门的创业资源管理团队，增强创业活动的实效性。为了提升资源平台的应用体验质量，在板块设置环节可以采取理论学习和就业咨询相结合的方式，增强学生互动板块与最新业界动态的融合，为学生创业提供有价值的参考。依托现有创业规定和法律条例，在信息化创业平台为学生答疑解惑，并安排专职人员管理业界动态板块，学生可在平台进行留言互动，根据学生创业中出现的心理和动态变化，做好针对性的指引和帮助。在就业咨询板块，要提供最新的创业信息，推进三位一体的平台运行机制，丰富平台的创业资源，邀请专业职业生涯规划和专家学者参与互动板块，针对商业风险、行业变化为学生提供更多帮助。此外，加强高校之间的合作，利用"互联网+"和云平台进行相关创业案例共享，凸显规范化和标准化职业发展的成果。

4. 及时反馈最新资源

加强高校之间合作，丰富平台创业资源，增加学生参与实践活动的机会，利用政府充足的政策支持和调控作用，设立创业资助项目，开展异彩纷呈的创业活动，依托校企合作吸引企业参与到平台建设，及时反馈最新资源，进行外部市场监管，确保创业资源平台稳定运转。进一步健全资源共享平台结构，设立富有活力的创业资助项目，以实际创业案例为依托，形成多元化的创业资源体系，形成及时反馈的最新资源，增强创业活动整体性能。此外，普通高等院校要加强与职业院校的协同，实现创业课堂一体化，便于学生提升自身视野和知识面，更有助于学生多元化创业需求的跟进。在大数据反馈机制的驱动下，既可以提升实践活动次数和效率，还可以降低高校办学成本，为后续创业资源的生成提供支持保障。

5. 创业资源共享协同运行

利用学生交流平台以及学校现有设施平台、师资平台，举办类型丰富的创新创业竞赛，形成更多的教育资源及选择，明确创业政策信息内容，利用智力知识资源将创业资源进行整合，推动平台数据资源更新。优化创业资源平台结构，予以学生更多的支持和关注。利用融资政策、商务支持政策，将政府、学校、学生打造成为三位一体的资源整合体系，形成创业资源共享新模块，发挥政策权力保障的优势，全面落实创业与就业政策。在资助方向上重点倾向于具有创新意识精神和能力的群体，让大学生与学校协同创业。为此，大学生要发挥新颖性、敏锐性的特点，拓展互联网创业资源，凸显活力优势、创意优势。此外，通过人际交往获取资源，提高资源利用率，充分利用互联网资源开展创新实践，如在网上开店、线上营销或者成为兼职创客等。

在大数据时代背景下，大学生创业资源共享平台建设迎来了新的契机。高校要把握好有利时机，加强信息化创业资源共享平台的建设，利用大数据筛选、过滤信息资源，争取更多社会资源，激发学生创业热情。拓展校内平台和校外实践平台，积极发挥自身及项目优势，提高资源吸引力，提供更多有价值的帮助。实现创业资源互补、累加，帮助学生实现数字化创业，将线上和线下资源高效整合，充实学生创业知识体系，为丰富学生沟通能力、交际能力、创业经验提供保障。

第三节　大学生创业模式与创业风险防控

一、创业的主要模式

创业模式（又称商业模式）是指企业在较长的时间内维持稳定经营，并不断收获利润的规律性方法。据《科学投资》杂志对数百家企业进行统计发现，在创业企业中，没有找到恰当创业盈利模式而走上绝路的创业企业高达49%。创业模式可以被借鉴，但一般不可以照搬，创业模式需要创业者根据自己的实际情况加以改造，改造的目的是获取利润。创业模式在一定意义上也就是盈利模式。盈利的方法千差万别，但也存在一些共同的规律。

（一）常见的创业模式

常见的创业模式主要包括创办新企业、收购现有企业、特许经营、经销或代理、做指定供应商、内部创业等。

1. 创办新企业

创办新企业是典型的创业模式，是指创业者通过实施自己的创业计划来创建一家新的企业。创办新企业与其他创业模式相比，存在更大的难度和风险，但创业者从中获得的成就感也是其他创业模式无法比拟的。创办新企业一般需要具有以下秘诀：

（1）广泛的社会关系

创办新企业时，创业者自己往往没有资金实力，也很难请到高水平的人才，创业之初的生意来源很大部分是社会关系。有了广泛的社会关系，新创企业的产品或服务就有了一个好的销售渠道。

（2）有预见性

对于创业者来说，要想成功就要寻求一个好的项目或产品。一般要考虑三点：一是该产品或项目要顺应社会发展的潮流；二是要与众不同；三是推广时不需要或只需要很少的市场启动资金。这就要求创业者有一定的预见能力，能够把握好市场的发展趋势，从而找到并占领某一市场缝隙。

（3）良好的信誉和人品

创业者只有靠自己的人格魅力，才能吸引一批志同道合、愿意跟随的人。同时，由于经营规模小，商业信誉度不会很高，这时要用创业者的个人信誉和人品来担保。

(4) 吃苦耐劳的精神

与财大气粗的竞争对手相比，新创企业者找不到什么竞争优势，只有靠自己吃苦耐劳的精神，付出比竞争对手更多的努力和辛苦，多做一些工作，多奉献一些爱心，去感动客户，这才是最有力的竞争。

2. 收购现有企业

收购现有企业，是指收购一家正在运营的企业，该企业可以是盈利的，也可以是亏损的。以收购现有企业的方式创业，可以省去初创企业的一系列烦琐手续，直接对企业进行管理。但是，收购现有企业之前，创业者必须全面、深入了解该企业，避免盲目作出决策。

3. 特许经营

特许经营（或称加盟创业），是指特许者将自己所拥有的商标、商号、产品、专利（专有）技术和经营模式等以合同的形式授予被特许者使用；被特许者按合同规定，在特许者统一的业务模式下从事经营活动，并向特许经营者支付相应费用。

4. 经销或代理

经销创业，是指创业者从其他企业买进产品再转手卖出，关注的只是价差，而不是实际的价格。代理创业是和经销创业截然不同的概念。代理是"代企业打理生意"的意思，不是买断企业的产品，而是厂家给额度的一种经营行为，货物的所有权属于厂家，代理商一般只赚取企业代理佣金或代理折扣。

5. 做指定供应商

全球化经济时代，社会分工越来越细，一件商品的生产和营销往往被细分为众多的环节，由此给配套生产者提供了机会。大的、复杂的整机如汽车、摩托车、家用电器有众多的配套厂家，就连小型的商品如桌椅、香烟、白酒、望远镜等，也有许多是分工合作的产物，如山东的白酒很多就是采用四川的原浆。不要小瞧配套这一角色，虽然它的起点低、利润薄，但投资也少，恰恰适合资金不足、经验缺乏的创业者。只要和上游厂家处理好关系，勤恳工作，保证质量，就可以借助这个平台，在不太长的时间内度过创业过

渡期和危险期。

替品牌厂家贴牌加工生产，是一种较为新型的合作关系。品牌厂家为了降低生产成本，或者为了腾出手来开辟新的经营领域，往往会将热销中的商品托付给信得过的加工厂商生产。贴牌生产目前不仅在跨国公司之间流行，一些国内驰名品牌或是区域性品牌也提供贴牌生产。正应了那句话：一流的企业卖品牌；二流的企业卖技术；三流的企业卖产品。

6. 内部创业

内部创业，是指由企业内部有创业意向的员工发起，在企业的支持下承担企业内部某些业务内容或工作项目，并与企业分享成果的创业模式。这种创业模式不仅可以满足员工的创业欲望，同时也能激发企业内部活力，改善内部分配机制，是一种员工和企业双赢的管理制度。有企业的资金支持，以及通畅的产品或服务营销渠道，内部创业的风险较小，成功的概率较大。

(二) 兼职创业模式

1. 网上创业

网上创业的形式主要有两种：①在网上开店，如在淘宝、易趣上开一家自己的小店，或者建立一个专门的电子商务网站；②利用信息的不对等获利，如有人专门为供求双方有偿提供信息。

2. 做代理商

做某个商品品牌的代理商，不需要占用正常工作时间，而且可利用工作积累人脉，为代理的商品打开销路。

3. 从事咨询业

这是常见的一种兼职创业类型。通常是在职者利用自己丰富的从业经验或专业技术进行创业。

4. 委托投资

适合那些拥有一定资金，但个人缺少精力或时间的创业者。选择这种方式的创业者需要注意以下两个方面：①选好项目，这个项目应该满足市场需求、市场优势、市场差异和美誉度这四个方面的要求；②选好合伙人，诚信的合伙人是保证合作成功的根本。

二、创业风险防控

(一) 大学生创业过程中面临的主要法律风险及其表现形式

1. 创业形式选择不恰当的法律风险

万事开头难，好的开始是成功的一半，在创业初期，创业形式的选择是创业的基石，不同的企业组织形式，有着不同的出资方式，承担不同的法律责任，所面临的法律风险也不同。此外，创业大学生在创业的早期阶段经常与合作伙伴建立密切的关系，导致他们缺乏对合作协议和章程等重要法律文件的关注，没有建立书面合作协议，使得后期出资不明确，利益分配不明确，创业者之间权利义务没有明确的划分，这为以后产生法律风险留下隐患。

2. 偷税漏税风险

依法纳税是每个公民应有的责任与义务，创业大学生因互联网交易方便，成本相对较少，利用网络形式创业居多，国家为大学生创业本就实施了减税少税的政策，甚至在环保等行业给予免税优惠，但一些大学生却仍想着如何规避交税或交更少的税。其中，主要的表现形式为做伪造记账凭证、拒开发票、虚构债务等。对于偷税漏税的行为，轻则受到行政机关的处罚，重则将构成犯罪，且对企业的商誉也将造成一定的影响，不利于企业的长久发展。

3. 非法经营风险

在创业之初，大学生可能会在开始时钻探法律漏洞。如在创业活动中从事经营法律特许经营、限制经营甚至是禁止经营的物品。随着社会经济的发展，大学生创业经营形式呈现多元化趋势，数据化时代的到来给大学生经营方式提供多样化的选择，但新型的经营方式也存在着法律风险。这种法律风险主要表现为很多大学生毕业后选择微信公众号平台或自媒体的经营方式，在微信、微博、头条上开店铺销售产品，对粉丝发布推文或视频吸引粉丝购买该产品，往往会出现购买者使用其产品后损害皮肤甚至身体健康的情况，这不仅仅构成虚假宣传，而且若达到一定的数额还会构成销售假冒伪劣产品罪。如大西北网曾报道"大学生创业办旅社非法经营被停止整改"；《检察日报》

曾报道"女大学生微信卖烟，非法经营"，等等。一些大学生创业者虽然主观上没有过错，但所从事的创业活动客观上却已经涉嫌非法经营。

4. 违约失信风险

在创办企业的过程中，大学生经常因拖欠租金、不按时履行合同义务而承担违约责任，一旦他们因违约而涉入司法程序，则可能会导致个人陷入信誉危机，不诚实行为将记录在个人诚信档案并影响个人和企业的发展。

2016年4月1日，第一部关于企业"黑名单"管理的规章——《严重违法失信企业名单管理暂行办法》正式施行："甲企业是家空壳企业，并且骗贷达百万元；乙企业与员工有劳动关系纠纷，已经拖欠员工工资达半年之久；丙企业欠款不还，已经有半年多的时间……"曾经这些"老赖"企业屡见不鲜，在法规出台之前，大多数"老赖"企业往往有恃无恐，能拖就拖，反正拿他没办法。今后，这些失信企业将被列入"黑名单"，受到工商等多个部门的联合惩戒。

5. 合同管理风险

主要发生在以下几个领域：①在合同订立时，创业者忽视合同生效条件的法律风险，我国的《民法典》只保护依法成立并生效的合同，合同虽成立却并未生效会导致合同的效力不明确；②合同履行过程中的法律风险，合同标的物不明确，合同交货的品质和数量不符合约定要求，创业者未按照合同约定的要求履行合同的义务，导致合同违约责；③合同变更、转让的法律风险，合同订立分为由要约和承诺两个过程，在合同订立之后，创业者对于实质性的反要约可能导致合同无效，合同变更须经双方同意，一方的变更不产生效力，此外，合同转让也必须通知债权人，合同转让是双方在私法上意思自治的体现，但是也必须保护债权人的利益；④争议解决的风险，合同签订之时，创业者应当与交易方约定好争议的解决办法，未能提早有效的约定合同争议解决，失去了对自己有利的争议解决办法。

6. 融资行为风险

大学生创业资金来源主要有三个方面：一是来自家庭资助；二是来自向身边朋友亲戚的借款；三是各种途径的贷款。对于刚毕业的大学生，除学生家庭较富裕的情况，一般的大学生是没有足够的资金创业的。大学生乐意向银行申请贷款，但由于大学生资信不够，而创业初期的成本十分高，银行所提供的贷款不足以支撑创业的成本。此时，大学生只能向民间借贷机构贷款。近年来，大学生创业的短期融资贷款机构层出不穷，然而对于这些机构却没有与之配套的管理机制，造成一种乱象。"无息贷"等小额贷款平台在大学校园中打着"支持大学生创业"的名义行骗，"套牢"了大批创业学生。这种现象表明创业者在企业财务方面的法律意识薄弱，对贷款的来源缺乏合理的法律风险评估。

(二) 大学生创业中法律风险成因分析

大学生创业过程中会出现这些法律风险，具体分析原因主要有以下几个方面：

1. 大学生创业者对法律风险认识不足

根据有关调查显示，在被问到"影响创业成功的因素"（多项选择）时，选择"融资和创业资本"的占60%，选择"社会资源或其他因素"的占30%，选择"优秀创意或核心技术"的将近90%，而选择"创业相关的法律知识"的只占5%。大学生从事创新创业活动，普遍认为创业的最大障碍是资本和技术。而法律只是一种辅助性活动，不能直接产生现实的经济利益。譬如，在选择创业合作人时考虑更多的是志趣相投和人情关系，而忽视创业组织的注册资金、注册程序、法律责任、劳资关系、投资者权利义务等；创业者维权意识淡薄，当权利受到损害时，没有采取法律途径来保护自己的权利。

2. 高校创业法律教育明显缺失

根据有关调查显示，国内高校的创新创业教育以创业培训领域为主，通过开放创新创业教育有关选修课程，培养和提升学生的创业精神、创新思维和自主创业能力，核心课程包括项目计划书撰写、创业团队建设、线上线下市场营销活动开展等。这些课程虽然针对学生开放，但基本上处于被忽视的状态，大学生参加这些课程的积极主动性并不高。此外，这些课程通常夹杂于散乱而庞杂、缺乏针对性和实践性的日常性创业教育课程中，学生接受创新创业教育的时间不够，兴趣不高。

3. 提供法律技术支持的社会第三方专业性机构体系建设不足

随着市场经济的繁荣发展，创业活动越来越复杂。其中，各种专业性极强的法律问题给大学生创业带来挑战，一旦自身不具备相应的创业法律知

识基础,同时又没有得到社会第三方专业机构的法律和技术支持,大学生的创新创业活动将难以预防和解决各种风险。

综上,大学生对法律风险认知、评估、应对的能力不足,对创业过程中会出现的法律风险是很难意识到的。法律专业的学生可能会对这方面有些基本了解,非法律专业的学生一般很难会考虑到创业过程中的法律风险。

(三)大学生创业法律风险防控创新

1. 政府着手搭建大学生创业法律风险防控平台

支持大学生创业,及时提供政策、信息、法律等服务。以创业项目和创业活动为载体,整合人力资源、企业资源、司法资源、传媒资源,常态化地为创业大学生提供法律风险整体解决方案,实现法律风险预防从知识体系到实践内容的有效转化。建立新生市场主体统计分析发布制度,大力扶持个体户转型为企业,帮助小微企业缓解融资难题。

2. 构建大学生创业法律援助体系

以本地区的法律援助中心为平台,组织经验丰富的律师组成专家团队,定期进行法律咨询、法律讲座或特殊法律援助服务,为大学生创新创业保驾护航,降低企业运行的法律风险,提升企业生存和发展能力。

3. 建立学科专业和人才培养类型结构调整新机制

创新创业教育要探求分层分类、特色化的人才培养目标,促进创新创业教育与专业教育融合。

4. 建立和完善导师带徒创业模式

高校组建一支创业导师团队,为创业大学生提供灵活而丰富的指导服务,加强对大学生就业和创业的个性化指导。通过各种新闻媒体,组织和推广活动,定期举办讲座、论坛、沙龙,为大学生提供创业指导员,建立"一对一"服务交流平台,开展工作交流,组织相关活动。通过设置网站、微博、微信等,为大学生提供在线和离线服务。通过老师的帮助和指导,有助于创业大学生防控法律风险。

5. 建立和完善毕业生市场信息分析发布制度

毕业生市场信息分析对于大学生创业选择尤为重要,高校虽然有毕业生的就业信息分析发布,但受众群体不广泛,没有一个完整全面的高校毕业生市场信息分析给予大学生创业指导。政府需要建立一个集合各高校创业信息分析的立体化平台,发布全国各高校的毕业生就业信息,大学生进入网站就可以获得全面分析信息。同时,政府对该平台的信息进行整理和完善,为创业者提供有效信息并提供创业预警发布。

6. 完善大学生创业法律风险防范的制度体系

为了有效防范大学生创业法律风险关键还在于完善大学生创业法律风险防范的制度体系。

(1)要规范企业经营管理制度。创业者对于企业的各项规章制度要进行规范,各个部门、各个员工都受其约束,这是建立法律风险防范机制的前提条件。创业者要根据自身的创业项目、创业形式将企业的经营管理方式固定下来,使其成为一种制度,进行制度化管理。

(2)创业者根据其创业内容着重进行法律防控。不同的企业形式,面临的法律风险不同。有良好的法律风险防控与预测,才能更好地预防法律风险。例如,在利用网络平台销售产品的,就需要提前对《产品质量法》中的法律风险进行防控;知识型的创业团体,就需要对知识产权方面的风险进行预防与监测。

第五章 大学生情商教育实践研究

第一节 情商教育概述

一、什么是情商教育

自 20 世纪 80 年代以来，人们开始对自身大脑左右两半球的功能定位进行理论和实验研究。一个众所周知的研究结果就是大脑左右两半球的功能区分非常明显：大脑左半球主要具有言语、分析、推理、评价、运算及抽象思维等功能，大脑右半球主要具有心理活动中的想象、直觉、情绪、情感及信息综合等功能，大脑两半球只有协同活动、均衡发展，人的心理活动才能达到一个比较高的水平。历史上的许多伟人都是这两种心智作用协同发展得非常好的，如贝多芬、爱因斯坦、毛泽东等。这些伟人既富于想象又善于推理，既有科学方法又有艺术才华，既能驾驭全局又能洞察秋毫。这个研究对我国教育改革具有非常大的启示。人们发现，传统教育主要注重于大脑左半球的训练与开发，而忽视对大脑右半球的利用和训练。这既表现在教育教学目标上，也表现在教育教学过程和评价上。因此，有学者把传统教育称之为"左脑的教育"，强烈地批评"左脑的教育"给受教育者身心发展所带来的片面性，呼吁进行"右脑的开发"与"右脑的教育"，为人的全面发展奠定基础。有学者将这种传统的"左脑的教育"称之为"唯理智教育"，或称之为"唯理智教育倾向"。随着人们对这种教育弊端的进一步认识，国内外一些学者在不同文化背景下，提出了"情感教育"概念，有学者把它称为"情感智商教育"，简称为"情商教育"。尽管到目前为止，"情商教育"概念还没有被人们普遍认可，但它所表达的一些教育思想和提出的一些教育主张已逐步引起人们的关注，并在实际教育工作中产生了良好的影响，成为人们观察、分析和指导教育行为的一个基本概念。

那么，什么是情商教育？借鉴国内外现有理论，所谓情商教育，是指在教育过程中培养学生正确的态度、情绪、情感和信念等，以促进学生个体全面发展和整个社会全面进步的教育，是教育过程的一个组成部分。把握情商教育概念必须明确下列几点：

(一) 情商教育是针对"唯理智教育倾向"提出来的

"唯理智教育倾向"的一个根本缺陷就是在研究教育教学规律时，常常将认知从情、意中生硬地抽取出来，将真善与美割裂开来，追求高智商成了唯一的目标。其具体表现是：没有把情感发展列入教育目标系列中，知识获得或智力训练的目标占据教育目标系列的中心位置；在教育教学过程中漠视、扭曲和阻碍学生的情感发展，师生之间缺乏正常的情感交流；为了达到纯粹的理智训练的目的，或者为了维护教育者本人的权威，随意侮辱学生的人格尊严，根本不把学生当成是一个有情感的人，有独立人格的人，缺乏评价学生情感发展的一整套措施或标准。如此等等。这种"唯理智教育倾向"造成的后果就是严重地挫伤了学生的心灵，造成了学生内在精神世界的残缺不全。实践证明，高智商者并不是在其人生道路中最终获得成功者。智商只是智力水平的一个客观标准，认知领域以外的动机、兴趣、情感、意志、性格等方面的内容均不在智商的视野之内，而这些恰恰又是人生成功不可缺少的要素。归结一句话，就是传统的"唯理智教育倾向"没有培养和发展学生的健康的社会性情感。不纠正"唯理智教育倾向"的偏向，人的全面发展的教育目的就会落空，教育在社会主义现代化建设中的地位也就不能真正实现，也就不能建设积极、健康、催人奋进的社会主义新文化。针对"唯理智教育倾向"的这些弊端，理论界提出了"情商教育"概念。提出情商教育的目的不是要彻底否定以往的教育实践，而是要对以往教育实践进行一种补偏救弊。

(二) 情商教育是全面教育过程的一个组成部分

情商教育不是游离于现实教育之外的一种教育，也不是一种独立的、特殊的教育形式，而是现行全面教育过程的一个组成部分。它要求："在教育过程中尊重和培养学生的社会性情感品质，发展他们的自我情感调控能力，促使他们对学习、生活和周围的一切产生积极的情感体验，形成独立健

全的个性与人格特征，真正成为品德、智力、体质、美感及劳动态度和习惯都得到全面发展的有社会主义觉悟的有文化的劳动者。"这样的人能始终保持愉快、开朗、乐观的情绪和情感；能始终保持旺盛的求知欲和强烈的好奇心，能够体验学习过程中的成功感和自豪感；这样的人在与他人交往时能够真诚坦率、不卑不亢；这样的人对待工作始终具有饱满的热情，敢于负责，勇于克服困难；这样的人热爱自然、热爱人类、热爱生活，向往一切美好的东西，是真正获得了人的内在规定性的真正的人。与此相反，一个人如果情感品质不能得到发展，只停留在自然的和习俗的水平上，他就会逐渐失去求知的欲望，丧失道德良心和审美情趣，那就无劳动欢欣和身心健康可言。这种状况不仅对个人来说是不幸的，而且对社会和国家来说也是无益的，甚至是有害的。

（三）情商教育是实现"五育"目标的现实策略

德育、智育、体育、美育与劳动教育是我国全面发展教育的重要组成部分，它们之间既相互独立又相互渗透，构成学校教育活动的主要内容。虽然它们各自的具体教育目标不同，但都包含了三个层次的目标，即态度层次的目标、知识层次的目标和技能层次的目标。就态度层次而言，它涵盖了情绪、情感、意志、信念等子目标。因此，在"五育"之中都存在着情感教育和发展情感品质的任务，即有发展个体道德感、理智感、美感等社会性情感的任务，而劳动态度和健康心态又是上述三种社会性情感的具体体现和综合表现。但是，在现实的教育过程中，由于受应试教育以及其他种种因素的影响，"五育"中的情感目标往往被忽视了，甚至被遗忘了。这个问题在教育实践中显得特别突出，也是众所周知的。道德教育不讲道德感的培养，只是空洞地说教，结果不仅教育效果不好，而且还使学生产生一种道德教育的逆反心理；智育不讲理智感的培养，只是照本宣科与照葫芦画瓢，结果学习成了学生的一种沉重的精神负担；体育不讲情感培育，演化为单纯的技术训练，结果学生唯一关注的就是考试"达标"；美育不讲美感及其体验，只是一种枯燥的练习和麻木的表演，结果学生没有内心喜悦和灵性表达；劳动教育不讲劳动态度而变味，成为学校思想政治教育的附庸和教育计划中的"花瓶"，结果不能培养学生的敬业精神。通过反观教育现实，使人们认识到，情商教育是帮助人们准确理解"五育"目标，并找到全面实现各自目标的一大现实策略。

(四) 情商教育是实现个性教育的重要条件和基本原则

个性教育是尊重个性，通过个性去培养健康个性的教育，个性这个概念本身就包含了个体情感世界的独特性，而且是以此为核心的。离开了个体情感的培养，就不是什么个性教育。如果一个人没有高尚的情感，那就不可能有健康的个性。要说有个性，那只能是有狭隘的"利己性"和"私性"。个性教育的深厚基础是人的全面发展，是以人的全面发展为基础的。因此，情商教育不仅是个人健康个性形成和发展的教育基础之一，而且是个性教育的重要条件和基本原则。

二、情商教育的总体目标

总体目标是制定具体目标的出发点和依据，也是情商教育理论的核心。情商教育的总体目标包括三个方面的内容：①培养学生的社会性情感；②提高学生情绪情感的自我调控能力；③帮助学生对自我、对环境以及两者之间的关系产生积极的情感体验。这三个方面集中指向整个教育目标的完成和健全人格的培养，这是情商教育的终极目标。

(一) 发展人的社会性情感，培养学生良好的社会性情感品质，这是情商教育的首要目标

人的社会性情感主要包括道德感、理智感和美感，其他的一些情感可以看作是这些情感的具体化和综合化。发展人的社会性情感就是要发展学生个体的道德感、理智感和美感。凡是社会性情感，都有它的基础和源泉。例如，学生在日常生活中的道德体验就是道德感的基础和源泉；青少年天生的求知欲与好奇心就是理智感的基础和源泉。美国哲学家、教育家杜威所说的"艺术的本能"就是美感的基础和源泉。但是，我们必须看到，这些基础非常薄弱，只要有一点很小的力量就可以把它们摧毁；这些源泉也不是常新的，只要有一点杂物就可以堵塞它们。那些不当的教育就是摧毁它们的力量和堵塞它们的杂物。它们需要得到保护、培养和发展，只有这样，才能在现

有基础上建立起符合社会发展需要的道德感、理智感和美感。换句话说，正确的道德感、理智感和美感不是自然而然地形成的，而是通过合适的教育而来的。教育在其中起着至关重要的作用。情商教育就是针对现实教育的弊端而提出的，旨在最大可能地培养和发展人的社会性情感的教育。

（二）提高学生的情绪情感的自我调控能力是情商教育的重要目标

青少年时期往往是情绪情感波动起伏比较大的时期，有的心理学家形象地称之为"暴风雨时期"，意思是说情绪情感来得快去得也快，但强度也很大，弄不好就会给青少年的成长造成不良的影响，甚至使人遗憾终身。我们在学校教育教学的实际工作中，也经常看到学生在各方面的发展中带有很大的情绪性和情感色彩。例如，当他们崇拜一个人时可能崇拜得五体投地，不允许别人说自己心中偶像的一点坏话；当他们要恨一个人时也可能恨得咬牙切齿，并表示一辈子不愿与之说话。如果一次考试没考好，就会在一段比较长的时期打不起精神，有的人还会将这种消极情绪一直持续到下一次考试。只有当新的考试取得了好的成绩时才会"扬眉吐气"。有的学生偏科主要是因为与不同学科教师之间的情感交流不同，个别学生有时动用暴力往往是为了一点鸡毛蒜皮的事。总之，那些在各方面发展中有问题的学生大多同他们的情感品质和情感调控能力有关。积极关注青少年学生的情感生活，为他们提供必要的处理情感问题的知识与技能，培养他们积极的情绪和情感，为其在各方面的发展创造良好的心境，这是情商教育的重要任务之一。

（三）帮助青少年学生对自我、环境及其关系产生积极的情感体验，是情商教育的又一基本目标

青少年学生情感生活的一个重要特征是容易受暗示，他人的一个眼神、一声赞许会强烈地影响到他们的内心世界。社会的精神生活氛围如果都是积极向上的话，这种易受暗示性就会为青少年的情感生活带来良好影响。但社会问题本身是复杂的，是良莠并存的，既有催人奋进的积极鼓励，也有让人灰心丧气的消极影响。这两种截然不同的评价存在于每一个人的身边，当然也存在于青少年身边。由于青少年学生心理的不成熟性，难免在接受一些积极影响的同时，也会受到消极的影响。当他们一旦对社会、对自身有了消极

的情绪和情感体验，就会极大地影响他们的成长。这点在我们的现实教育中经常可以看到。例如，有的学生世俗得使人可怕，当考试不及格时，就带上礼物去找老师，在其内心就根本没有什么不好意思的感觉。要是问他为什么这样做，他会大言不惭地说："社会上不都是这样做的吗？"我们如果对有如此情感体验的学生不采取有效措施使他们产生新的情感体验，那就无法对他们进行道德教育、理想教育和艰苦奋斗的教育。怎样才能使他们产生新的情感体验，光靠教师的努力是不够的，关键是要使他们形成自己的情感"免疫力"。"唯理智教育倾向"忽视了这一点，情商教育则强调这一点。这是情商教育的又一基本目标。

上述情商教育的三个总体目标与基础教育的目标是一致的，它不是要在基础教育教学活动之外去实现，也不是要培养单纯的"情感人"，其最终目标是要培养适应社会主义现代化建设需要的全面发展的人。

三、情商教育的理论依据

前面我们分析了情商教育的本质和总体目标，那么情商教育的理论依据是什么？明确了这个问题，才能使情商教育在现代教育中占有一席之地，逐渐实施与深化，并不断走向科学化。我们从马克思主义哲学、脑科学、情绪生理学、心理学和现代教育学等科学中能够找到情商教育的理论依据。

（一）马克思主义关于人的学说是情商教育的哲学基础

马克思主义认为，人的本质在于人的社会性。从人与动物相区别的层次上说，人的本质在于社会劳动；从人与人相区别的层次上说，人的本质在于社会关系，或者说，人的本质在其现实性上是一切社会关系的总和。人的社会性是人的根本属性。所谓"社会关系的总和"，是指以社会生产关系为基础的社会经济关系、政治关系和思想关系等的有机整体。这些社会关系是在包括生产活动在内的人的自由的自觉活动中形成和发展的。因此，人的本质的形成、体现和发展的现实基础在于人的自由的自觉的活动。"人类的特性恰恰就是自由的自觉的活动。"这种"自由的自觉的活动"的根源在于人的自觉能动性。人的自觉能动性的发展和人的本质的实现，二者之间存在着密切的内在联系，人的本质是随着人的自觉能动性的发展而发展的。因此，马

克思主义承认人的价值，注重人的个性发展，强调人的尊严与人的全面而自由的发展，肯定人的主体地位。情商教育在本质上是与马克思主义这些关于人的观点相一致的。所以，马克思主义关于人的学说为情商教育的确立与实施提供了哲学基础。

（二）人的大脑机能理论是情商教育的脑科学基础

人的大脑机能理论成果显示，抽象思维如果没有形象思维相伴随，并与之协调发展，抽象思维能力不仅得不到提高，而且还会严重制约创造力的发展。国外有关人的大脑机能理论探明了人脑两半球的功能分工：人脑左半球同人们的抽象思维、象征性关系以及细节性的逻辑思维有关，具有观察、分析、连续、计算的功能；而人脑右半球同形象思维、知觉和空间有关，具有音乐、绘画、综合、整体和几何空间的鉴别功能。左半球是串行的、即时的信息处理，是收敛性的因果式的思维方式；右半球是并行的、空间的信息处理，是发散性的因果式的思维方式。左右两半球的功能是不对称的。一般说来，语言的高级过程被左半球控制，非语言刺激的高级过程被右半球所控制。据有关研究发现，大脑胼胝体是连接大脑左右半球的横行神经纤维束，起着联结左右半球全部皮质的作用。大脑胼胝体含有两亿条神经纤维，每一条纤维平均冲动频率若按20赫兹计算，那么大脑左右半球的总通信量达到每秒40亿次冲动。尽管大脑两半球对事物作出反应的方式不同，但由于大脑胼胝体的联结纤维的作用，左右半球能够相互协调、相互配合、相互补充。人们进行创造性思维是大脑左右两半球协调活动的整合功能的结果。脑科学研究还表明，大脑在完成一个特定任务时，只有一个半球产生优势兴奋中心。如果只有抽象的、概念式的教育，而缺乏生动形象的情感教育，那就必然会影响儿童右脑半球的激活与兴奋，久而久之，就会压抑甚至损伤儿童创造才能的发挥。"情景教学"是情商教育的一种模式。情景教学由于本身有形真、情切、意远、理蕴的特点，能巧妙地把儿童的认知情景活动结合起来，使之达到平衡；协调大脑左右半球的功能，能有效地训练儿童的感知，培养他们的直觉思维能力，发展他们的创造力。从教育的长远目标是提高学生的悟性、培养创造性人才来说，情景教学对儿童右脑的发展显示出了它的价值。

(三)情绪生理学理论是情商教育的生理学基础

情绪生理学的研究成果显示:脊髓、延髓、网状结构不仅为大脑提供兴奋,而且还能够控制感觉系统的信息传送,提高大脑皮层的加工效率。人的丘脑和下丘脑以及边缘系统是调节情绪反应的重要器官。当大脑皮层下部位输入的神经冲动经过边缘系统的整合,并同大脑皮质活动联系起来时,才是情绪产生的完整机制。就是说,大脑皮层整合并完成情绪体验,下丘脑促成情绪表现。当人的情绪体验是积极、愉悦的时候,脑垂体就会使内分泌系统积极活动,肾上腺加速分泌,血糖增加,新陈代谢过程加快,增强整个神经系统的兴奋过程。由此使大脑皮层形成优势兴奋中心,使神经联系容易建立,并激活旧的神经联系,人的情绪处于积极状态,反应灵活,学习和工作效率高。一个人如果长期从事反复单调的工作和学习,就会对工作和学习本身感到厌恶,振奋不起精神,激发不起兴趣,缺乏强烈动机。久而久之,还会使人产生对学习和工作的焦虑和负担感,从而失去对学习和工作的情绪控制力,大大降低学习和工作效率。

由此可见,实施情商教育有利于师生以愉快的心情投入到教学中,改变教师教学的惰性和学生单调枯燥的学习活动状况,消除心理产生的负情绪,提高教学的质量与效率。

(四)情绪心理学理论是情商教育的心理学基础

情绪心理过程主要包括认知过程和情感过程,认知过程是对信息的选择和加工过程。由于情绪、情感体验所构成的稳定的心理背景和一时的心理状态,都对正在进行的信息加工起着组织和协调的作用,因而人的情绪和情感起着促进或阻碍人的认知过程的作用。在良好的情绪状态下,人的认知过程所表现出来的特征是:思维敏捷,解决问题迅速,即良好的情绪能促进人的认知过程;当人的心境忧郁、消极、沉闷时,则思维凝阻,反应迟缓,不能创造性地解决问题,即不好的情绪阻碍人的认知过程。情绪是人们在社会生活的人际交往中不可或缺的重要因素,它具有情感迁移功能。学校是社会的一个缩影,在学校教育中,教师和学生之间存在着各种交往方式。情绪通过表情的传递,使人与人之间相互了解,产生共鸣,建立起人与人之间相互信任的人际关系。因此，情感交流使人们相互受到感染，如爱与恨、快乐与悲伤、期望与失望、羡慕与妒忌等情绪感染。这些情绪或与语言一起、或单独作用调节着人际行为。我们对学生情感能力的培养应着重于培养其移情、情绪辨认以及情绪体验和情感调控能力。"情商教育"就是要引导学生由低层次的快感体验向高层次的审美、快乐和创造体验发展；引导学生形成正确的班级舆论与风气，通过各种方式培养沉重的情感认知能力。有实验证明：凡长期生活在愉悦的心理氛围中的儿童，其个性开朗、活泼、聪明、大方、能干；而长期在压抑、恐惧中成长的儿童，其个性往往孤僻、胆小、自卑、冷漠。这说明人的心理活动能否处于积极、健康的状态是决定个人心理品质的重要因素。因此，实施情商教育是实现人的认知与情感和谐统一的有效途径。

（五）现代教育学理论是情商教育的教育学基础

现代教育学的基本原理、教学基本原理与原则为情商教育提供了广泛的教育学理论基础。

1. 教育要适应青少年身心发展的规律

众所周知，在相同的环境和教育条件下，学生的各自发展特点和成就，主要取决于他们各自的态度。因此，学生个体主观能动性的发挥是其身心发展的动力，教育要适应青少年身心发展的规律，即是教育要适应产生这种发展动力的规律。这条规律至少有三个方面的内容：一是教育要适应青少年身心发展的顺序性，循序渐进地促进学生身心发展；二是教育要适应青少年身心发展的阶段性，对不同学段的学生，应在教学内容和方法上有所不同；三是教育要适应青少年发展的个体差异性，做到因材施教。这就给情商教育的实施指明了方向，它要求情商教育在具体实施过程中，就小学而言，对低年级儿童要重游戏，注重愉快教育，引导学生的兴趣，培养学生的学习习惯和情感的基本评价意识；在中高年级要重视学生班集体的正确舆论与风气建设，为学生创设成功的表现机会，培养正确的情绪、情感观念。

2. 全面发展的教育目的

受教育者的全面发展，包括生理和心理两方面的发展。这是现代教育学的一个基本原理。受教育者的生理发展是指受教育者身体的发育、机能的成熟和体质、体力的增强；受教育者的心理发展主要是指受教育者德、智、美等方面的发展。而德的发展包括道德品质、思想观点、政治态度等的发展；智的发展主要指知识掌握和能力的发展；美的发展主要是指培养受教育者的欣赏美、评价美、创造美的能力和高尚情操及对美的追求。由此可见，人的发展是多种要素、多层次的全面发展。用一句话概括，全面发展就是受教育者在德、智、体、美等诸方面都得到发展，即个性的全面发展。然而，培养受教育者的独立个性就是德、智、体、美等因素在受教育者个体身上的特殊组合，它不是统一化的、模式化的、排斥个体自由的发展，而是受教育者个性的全面发展。因此，培养受教育者的独立个性就是使受教育者的个性自由发展，增强受教育者的主体意识，形成受教育者的开拓进取精神和创造才能，提高受教育者的个人价值。这说明"情商教育"目标与全面发展目的是完全一致的，情商教育是全面发展教育的一个组成部分。

3. 教学的科学规律和原理

在教学过程中，应掌握间接经验与直接经验的关系，掌握知识与发展智力的关系、教学的教育性原理、认知与非认知因素的关系和师生主体性关系的原理等，这些教学基本原理与原则都是"情商教育"的理论基础。如教学过程中的认知与非认知关系的理论，一般认为认知过程是首要的，因为只有认知活动才能使学生认知事物，获得知识。但认知过程又必须依赖于非认知因素的激励与调节，因为学生是具有能动性的人，他们已有的非认知因素作为一种内驱力对认知过程具有促进作用，也有阻碍作用。教师在教学过程中，调动学生的主动性，提高他们的学习兴趣，是促进学生认知的一个有效教学因素。学生不是被动的接收器，而是学习的主体。他们学习的主动性越强、积极性越高，求知欲、自信心、探索和创造的欲望也就越强，学习效果就越好。发挥学生的学习主动性、积极性，直接影响并决定着他们的学习效果和身心发展的水平。现行教育实践中出现的"愉快教育""情境教育"的理论与实验，是情商教育的具体实验模式。它之所以在实践中能取得可喜的成果，就是因为这些实践模式重视非认知因素对学生的影响，能最大限度地发挥学生的学习主动性和积极性。

第二节　影响情商形成的因素

一、家庭因素

家庭是情感习得的启蒙学校。一个人在成长过程中的自我意识、情绪控制及人际沟通方面，最初都是以父母为榜样加以模仿和学习的。儿童的情感和态度很早就从父母处习得，并且在整个儿童期得到强化和巩固，进而逐步成型。父母和孩子的每一次交流都包含着情感的交流，孩子都可以从父母的表情、语气、姿势、眼神等细节处领会到其中暗含的情绪信息，无数次的交流和沟通便奠定了孩子情商的核心和基础。家庭对一个人情商形成的影响具体来说有以下几个方面：

（一）家庭氛围

家庭氛围对培养高情商的人有着举足轻重的意义。一般而言，大多数人容易把家庭当成是情绪的宣泄场所。例如，如果一个人因工作上的失误被上司训了一顿，其自尊心和自信心都受到挫折，当他回到家里以后，却不由自主地对其妻子大发雷霆，理由只不过是一些鸡毛蒜皮的小事，如书柜上的尘埃没有得到清除。这些成为导火索的鸡毛蒜皮的小事，他也许熟视无睹了半个月也未曾发火。这样的处事方式，很可能使家庭气氛无法融洽。久而久之，家庭就会笼罩着一种消极的情绪氛围。无论是丈夫、妻子还是小孩，都会在这种家庭情绪氛围中感到紧张、压抑，甚至变得神经质起来。在家里感到紧张和压抑的人，同事间的交往也会给人一种紧张和压抑的感觉，这种感觉会堵塞本来富有效率的人际沟通网络。

家庭氛围对情商的发展具有重要的影响。儿童自我意识的形成最初是在家庭中进行的。自我意识的形成从本质上说是一种个体社会化的结果，也是个体社会化的过程。同时，儿童情商发展的其他许多部分与社会性发展都是相互重叠的。因此，有学者认为情商不过是"社会性发展"的另一种表述而已。

特定的家庭氛围决定了家庭成员以什么样的方式和态度去进行人际沟通。研究表明，那些性格外向、人缘好的人，大多出自一个气氛开放随和的家庭；而那些在人际交往上显得拘谨、退缩的人，则大多数出自一个气氛保守、封闭和压抑的家庭环境。

良好的家庭气氛不仅有助于使人具有适当的情绪反应方式，而且对家庭成员的一些高级社会性情感，如道德感、理智感、责任心等，以及生活目标的树立都有着积极的意义。事实证明，缺乏生活目标和信仰的父母，缺乏责任心和道德感的父母，很难使他们子女成为坚忍不拔、能忍受挫折的杰出人才。因为没有信仰的家庭养育的子女更容易在遭受挫折时变得消沉、沮丧和颓废，没有恒定生活目标的父母也难以给孩子树立一个良好的榜样。

(二) 家庭经济状况

家庭经济收入的改善并不意味着父母就是成功的家长。一旦自己与周围家庭在经济上拉开差距后，获取成功后的踌躇满志往往溢于言表。如果没有正确的教育方式，孩子很容易从父母的表情、语气、动作和眼神中习得一种优越感，这种优越感使孩子在外面也容易不加掩饰地表现出来，在同伴面前，在同学面前，甚至在老师面前，莫不如此。其后果是：孩子滋长傲慢以后，将难以控制自己的情绪以及承受挫折，并且难以与周围的人进行有效和坦率的沟通。贫困家庭的父母在与富裕家庭的比较中，往往容易产生自卑的心理。如果没有正确的教育方式，也会使孩子体会到父母的自卑心理，变得退缩和懦弱。

无论家庭的经济地位怎样，孩子的天性都是快乐的，富裕家庭的孩子和贫困家庭的孩子，如果施以正确的引导方式，他们也可以同样地成长。

(三) 家庭教育方式

这里主要是指父母对待子女的教育方式，它与父母的职业、受教育程度及父母本身的情商水平息息相关。据有关研究表明，父母对待子女，无论是严厉惩罚还是同情谅解，是漠不关心还是关怀备至，都会给孩子的情感生活产生深远而持久的影响。父母的情感智商越高，对子女的帮助也越大。孩子十分擅长学习，他们极善于对家庭里的情感变化察言观色，那些能妥善处理夫妻情感关系的夫妇，帮助孩子处理情绪波动的效果也最明显。

在对孩子的情感发展十分不利的管教方法中，有三种最为常见。它们是：

1. 专制压制型

在孩子闹情绪时,其父母通常都是声色俱厉地批评指责,或予以惩罚。例如,当孩子一有生气的表现,他们就加以禁止,怒气冲天地要惩罚孩子。要是孩子稍作辩解,这些父母就怒气冲冲地吼道:"你还敢顶嘴!"

2. 完全置之不理型

孩子的情绪苦恼,父母认为只不过是些鸡毛蒜皮的小事,或者是自找麻烦,便采取置之不理、随他去的态度,而不是利用这个机会,增进同孩子的亲近感,或帮助孩子学会处理情感问题。

3. 过于放任自流型

这些父母注意到了孩子的情绪,但认为不管孩子怎样处理这些情绪都错不了,甚至感受到伤害也没关系。像那些忽略孩子情绪的父母一样,这些父母也很少主动教孩子如何正确处理这些情绪。尽管他们有时也安抚孩子的情绪,但用的办法是给小恩小惠,只要孩子别再伤心或生气就行了。

但是,对那些高情商、民主型的父母而言,一旦他们发现孩子苦恼,便因势利导,言传身教,让孩子学会处理情感问题。他们认真对待孩子的情绪,努力了解孩子苦恼的原因,帮助孩子用积极的办法安抚自己的情绪。同那些处理情感问题能力较差的父母相比,他们同子女的关系较为密切,感情较深,摩擦较少。而且,他们的子女也能较好地处理自己的情感问题,遇到苦恼时,也能较好地自我宽慰,情绪低落的时候较少。同时,他们的子女人缘较好,社交能力较强;注意力较集中,学习效果较好。总之,父母培养孩子处理情感问题的技巧对他们的学习和人生都有很大的好处。

二、学校因素

学校教育在人的发展过程中起主导作用。学校给孩子进行情绪教育时,实际上跨越了传统学校的功能,承担起了社会的职责,弥补了家庭教育的不足。

(一)学校的情绪教育

学校里孩子受到的情绪教育对孩子一生的发展来说是极为重要的。事实上,我国的学校教育对情绪教育并没有足够的重视。父母和教师都一味地注重知识、技能的传授，而忽视了对孩子情商能力的培养。在我国中小学教育里，教师往往把学生分为两类：一类是正常的学生；一类是差生。差生往往是调皮、爱说话、成绩差的，很少有发言的机会，教师只要求他们不要把其他孩子带坏了。可见，差生情商的发展在小学求学期间就受到抑制。这对他们是不公平的。老师所谓的区分正常学生和差生的做法，无异于赤裸裸的歧视。而在歧视中成长的孩子，不仅学习成绩不能提高，而且心理的发展容易扭曲。

一个人从出生，一直到青年期，其心理和情商能力都是不断持续发展的，纵使一些孩子在某些时候、某些方面表现得比别的孩子差，这也完全可以通过教育，特别是情商教育来扭转。武断地对幼小学生的前途下评语，这根本就是一种伤害。心理学的研究表明，孩子的发育是不均衡的，不同的孩子在不同方面的能力上，其发展速度是不同步的，有些在这方面发展得早，而有些则在另一方面发展得快。如果学校教育只是简单地从学习成绩上衡量学生的能力和前途，那么，一些在学习上稍微发展得迟的孩子就会受到无理的扼杀。

一般来说，人们容易理解并接受孩子在身体发育方面的个体差异。例如，一些孩子在小学就猛长个儿，长到一定时候就稳定了；另一些孩子直到中学还是个矮个儿，青春期以后才开始长高。同样的道理，孩子的智力、心理和情商的发展也是这么一个过程，一些显得调皮的孩子，可能在创造性方面表现得比别的孩子出色。一些考试成绩并不出色的孩子，可能具有潜在的高情商才能。那么，怎样才能做到既鼓励孩子在学习能力上的进步，又不致压制他在其他方面的发展呢？也就是说，怎样才能做到既教书又育人呢？其根本出路就在于重视情商教育。

(二) 教师的领导方式

领导方式是群体领导者行使权力与发挥其领导作用的行为方式。不同的领导方式，可以产生不同的社会气氛与不同的个人行为。

1939年，勒温等人进行了领导方式的经典研究。他们训练三位成人分别以专断的领导方式、民主的领导方式和放任自流的领导方式与三组11岁儿童相处。

1. 专制型

在这种领导方式下，成人独自提出集体的目标，制定工作步骤，给成

员分配任务，对儿童严加管理，群体的一切由成人决定，儿童没有自由，而成人自己又不参与集体所从事的活动。

2. 民主型

在这种领导方式下，成人将集体的有关活动交给儿童去讨论，由大家出主意、想办法，通过集体舆论来作出决定，提出可供选择的工作步骤，让集体自己分配工作，显示出集体精神。

3. 放任型

在这种领导方式下，成人只笼统说明目的，提供各种材料，但没有直接告诉应当做什么和怎样做，也不提供计划和建议，对解答问题不提供任何帮助，一切由儿童自己决定，自由活动。

研究结果表明，专制型领导方式会使学生产生较高水平的挫折，并对领导表示出一定程度的反感。领导在场，纪律较好，领导不在场，纪律涣散。学生学习气氛低落，工作效率明显下降。民主型领导方式会使学生心情舒畅，关心集体，纪律较好，表现出较高的独立性，工作效率较高。尤其是领导不在场时，与其他两组相比，更为突出。放任型领导方式导致学生情绪不稳定，纪律松弛，在集体内产生较多的攻击行为，工作效率极低。进一步的研究表明，专制型与民主型领导方式对学生的学习成绩影响不是很大，但对学生的社会行为，对学习成人的价值观都有深远的影响。喜欢用惩罚手段的教师，往往会增加学生的焦虑，学生因害怕暴露自己的短处而退缩不前，导致集体计划、协作及自我定向出现低效，甚至无效。另外，专制型领导控制下的学生更有攻击性，而且攻击的矛头常指向集体中的弱者。总之，教师的领导方式对学生情商的形成有极大的影响。

（三）教师的情商水平

要想给学生以良好的情绪示范，培养学生高水平的情商，那么教师，特别是班主任的情商能力是最值得考察的。如果教师自身存在情绪障碍，那么由教师的情绪障碍所扭曲的性格和异常的情绪反应模式，会给学生制造沉重的心理压力，使其受到情绪困扰。这样的学生成人后，不可能是一个高情商的现代人。有的在学校受到教师情绪障碍影响的儿童，甚至在整个一生中都会在心灵里保留着灰暗的心境，童年失败的、蒙受羞辱的记忆会使他在面对人生挑战时失去勇气、自信和毅力。不同情绪障碍的教师对学生的影响程度是不一样的。患神经质、强迫情绪的教师，常常在课堂上抱怨自己头晕，身体不适，想不起问题，某些对情绪敏感的学生也会产生神经质的表现。对学生影响最大的是焦虑、敌意和偏执。

全民族基本素质的提高，不仅是知识水平的提高，更是心理、情商素质的提高。因此，考察一名教师，决不能只从"升学率"来评价。一名优秀的教师，必须同时是一名身心健康、情绪稳定、自信乐观的高情商的人。

三、社会因素

每一个人都是在一定的文化背景和社会制度下成长起来的，社会特定的风俗习惯、道德标准以及经济文化发展的水平差异对一个人情商的形成和发展也会产生很大的影响。

(一) 社会文化

社会文化对人的情商具有塑造功能，这表现在不同文化的民族有其固有的民族性格。例如，米德等人研究了新几内亚的三个民族的人格特征，显示了社会文化对人的情商的影响。研究表明，居住在山丘地带的阿拉比修族，崇尚男女平等的生活原则，成员之间互助友爱，团结协作，没有恃强凌弱和争强好胜，人与人之间是一派亲和的景象。居住在河川地带的孟都古姆族，生活以狩猎为主，男女间有权力与地位之争，对孩子处罚严厉。这个民族的成员表现出攻击性强、嫉妒心强、冷酷无情，争强好胜等人格特征。而居住在湖泊地带的张布里族，男女角色差异明显，女性是这个社会的主体，掌握着经济实权。男性则处于从属地位，其主要活动是艺术、工艺与祭祀活动，并承担养育责任。这种社会分工使女人表现出刚毅、支配、自主与快活的个性，而男人则有明显自卑感。

(二) 社会的发展变化

现代社会的一个最大特点就是瞬息万变。我们的环境在变，工作岗位在变，工作任务在变，职务在变，社会角色在变，生活在变，朋友在变，心情在变……总之，周围一切都在变，而且变化无常，没有人喜欢永远生活在无常之中。太多的变化使人落下了对变化的恐惧。但在当今时代，即使你不想变，变化也会始终跟着你。每一次变化，都需要你去重新适应，某一个方面需从头开始。当然，大部分人变得力不从心，便开始用消极的态度来应对变化。

一切变化，都可以从最深层次的经济上找到原因。经济问题的冲击，对中青年人的影响尤为重要。目前，发展变化的中国在创造了经济奇迹的同时，由于产业结构的调整和体制的改革，使得一大批行政、企事业单位人员下岗、分流、失业。据国外研究表明，失业与许许多多的心理问题有密不可分的关联。失业的人变得心理沮丧，显得很无助无奈，凡事难以心平气和，觉得自己怀才不遇。他们恨他人不公，有眼无珠，面对失业，开始了起伏的人生。总之，失业率增加，心理问题就会显著增加。

（三）信息技术革命的冲击

科学技术从来就是一把双刃剑，它可以为人类造福，也可能给人类带来苦恼和灾难。随着信息技术的发展，当今人类已进入"数字化生存"时代，已经开始在"网上"生活，世界已经变成一个地球村。人们只要坐在电脑前，用一个调制解调器，按一个键钮，就能随时知道世界各地的方方面面的事情。

我们生活的这个"地球村"里，随时随地都有重大事情发生，有的影响重大，有的则很无聊，这些全都可以称作信息。只要你愿意，现代技术手段已经可以保证你随时获取你所需要的所有信息，这给我们的学习、工作和生活带来很大的方便。同时，面对以亿兆计算的信息，选择就成了最头痛的问题。选择不仅包括是否选择到一个真正需要的信息，还包括在众多的选择中进行取舍判断所需要付出的心力。不少人面对信息爆炸，会产生两个典型症状。

（1）生怕在成千上万的信息中漏掉了最重要、最有利的信息，心中暗想：如果我漏掉了而被其他人看见了，对方可能因此而击败我。于是，强迫自己不停地去找、去读，以致精疲力竭。

（2）总感到自己无力。过去，一个人表达自己的思想，至少有或大或小的一群人来听，而现在，人们都把自己的想法印成书，或者在互联网上散布，但他的声音会马上被铺天盖地的媒介所淹没，没有人会真正去注意其中的只言片语，也就不再具有实际意义。信息爆炸的同时给人们带来了无穷无尽的信息垃圾，越来越多的人对这种强大的信息压力惴惴不安，从而容易引发明显的攻击行为、怪异的社会行为、社会紧张等复杂的危机现象。总之，情商的形成不是单方面的，而是家庭、学校、社会诸多因素共同作用的结果。

第三节　大学生情商培养策略

大学生情商教育从本质上讲是培养合格的社会主义建设人才的需要，情商教育是新形势下高校思想道德教育的重要内容。大学生情商素质的培养是一个系统工程，需要学校、家庭、社会、个体的共同努力。

一、强化学校教育

（一）改革考核评价机制

长期以来，我国的高等教育都存在智商教育占主导地位的问题，偏重知识的积累，使得考试和分数成为评价学生的唯一标准，而忽视了学生的人格、情感和潜能价值等情商因素的挖掘和培养，某种程度上对学生的全面发展产生了不良影响，甚至造成一系列社会问题。党的十八大报告明确指出："把立德树人作为教育的根本任务，培养德智体美全面发展的社会主义建设者和接班人。"这对高等教育培养具有健全人格和全面发展的人才提出了新的更高要求。因此，高校亟须改革传统的考核评价机制，把大学生的情商水平列入考核评价机制中，从而实现高素质人才的培养目标。

（二）将情商教育纳入教学计划中

课程是教育的载体，是教育活动的基础和核心。高校应把情商教育作为思想政治教育的重要组成部分，纳入教学计划中，要在课程设计和教育形式上进行改革，使情商教育贯穿大学教育全过程。首先，高校可专门设置情商教育选修课，开设"认识自我净化、自我完善、自我革新、自我提高、公共关系修养"等课程，引导学生自我审视，注重自我情商的培养与提高。其次，高校可将情商教育内容渗透到心理健康教育、大学生职业生涯规划教育、就业教育、创新创业教育中，指导学生运用情商理论，从源头上解决学业压力、职业选择、就业能力、社会适应等问题，实现个体发展与社会需求相互融合的最大化。

二、完善家庭教育

(一) 优化家庭环境，营造和谐家庭氛围

家庭不仅是大学生的生活场所，更是心灵的归宿。家长有责任优化家庭的物质环境和文化环境，营造健康、文明、积极的家庭氛围。家长要以和谐、民主的家庭教育理论为指导，同子女进行情感交流。同时，学校要建立良好的与家庭沟通的机制，共同引领大学生关爱生命、关心社会，丰富大学生的情感，培育大学生的情商。

(二) 适度磨砺，合理降低期望值

家长对子女的过度保护，实际上是剥夺了子女提升情商水平的机会。家长应有意磨炼子女，例如，为子女创造社会实践的机会，在实践中培养子女的意志力，锻炼工作能力。家长还应让子女承担部分家务劳动或参与家庭事务决策，减少对家庭和家长的依赖。同时，学校还要注意指导家长应适时调整对子女成才的期望值，关注子女身心发展，而非片面强调物质成就，帮助子女形成合理的自我定位和成才规划。

三、关注社会教育

(一) 充分利用社会媒介的舆论导向作用，凝聚正能量

广播电视、报刊网络等社会媒介应坚守"以科学的理论武装人，以正确的舆论引导人，以高尚的精神塑造人，以优秀的作品鼓舞人"的原则，践行社会主义核心价值观，把握正确的舆论导向，弘扬时代主旋律，增强大学生为实现中国梦而奋斗的价值认同感。社会媒介应减少对畸形成功观的宣传，引领高尚文明的社会风尚，引导大学生正确看待成功和人生。同时，学校必须时刻关注社会多元文化的影响及不健康思想的侵袭、误导，这样才能营造

有利于情商教育的良好社会环境。

(二) 建立健全社会支持体系

社会支持体系是指由政府、社区、家庭、同事等组成的社会网络，能够为所需者提供物质、金钱、情感等各种资源支持。事实表明，越是情商高的人，在遇到困难、挫折的时候，越善于求助于社会支持体系，提高社会支持的利用度。社会支持不仅可以缓冲人的焦虑感和恐惧感，减轻压力带来的负面影响，还可以进一步强化对弱势群体的支持功能。对大学生进行情商教育要针对大学生的实际情况，学校要帮助大学生积极构建自我社会支持体系，必要时充分利用社会支持体系走出人生低谷，迈向成功。

四、重视大学生自我教育

(一) 认知自己的情商

大学生情商水平的提高归根结底要依靠内因起作用。了解自己的情商是情商教育的第一步。人，终其一生都是在做人做事，情商反映的是一个人做人的综合素质，从人行为的细枝末节中，均能够反映出情商的高低。学校要教育引导大学生学会查找自身的不足，通过内省、他人评价和比较等方式，正确地认知自我，不过分美化也不过分丑化，对自我的情绪、动机、需求和价值观等作出客观中肯的评价。客观地了解自己的情商水平，是提高情商水平的前提。

(二) 培养自己的情商

大学生情商的培养是一个不断完善自我和超越自我的过程，需要大学生反复地领悟、实践，通过自我教育提高自我认知、情绪管理、自我激励、认知他人、人际关系管理五方面的能力。首先，大学生要培养自身良好的道德行为习惯。只有树立科学的世界观、人生观和价值观，自觉遵守爱国、敬业、诚信、友善等基本的道德规范，才能塑造高尚的心灵和完美的人格。其次，大学生要做自己情绪的主人。情绪是一种决定，而不是一种反应。善于管理情绪的人能够通过自我暗示、自我激励等方法摆脱消极情绪、宣泄不良

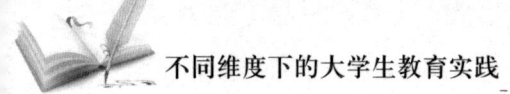

情绪、培养积极情绪。最后，学校要注意为学生情商的自我培养营造良好的校园文化环境，教育引导学生在社会实践及校园文化活动中有意识地锻炼自己，不断提升情商水平，以积极向上的心态、坦荡宽广的心胸、乐观愉悦的心境，热爱生活，对未来充满希望，肩负起实现中华民族伟大复兴的重任，实现个人价值和社会价值的统一。

第六章　大学生廉洁教育实践研究

第一节　当前大学生廉洁教育的现状与对策研究

廉洁文化是社会主义的先进文化，是中华民族的优秀传统文化，更是中国特色社会主义的核心价值观念。大学生作为我国社会主义事业重要的建设者和接班人，对廉政防腐工作有着至关重要的意义。然而，当前我国高校的廉洁教育还存在一定问题，必须采取针对性策略，以此不断强化新时代廉洁廉政建设。

一、大学生廉洁教育的重要性

高校廉洁文化是廉洁教育的重要路径，更是高校思想政治教育的基本落脚点。高校作为我国最重要的思想教育阵地，必须借助廉政教育才能打造清廉的校园文化和教育环境，才能有效担当立德树人的重要育人使命。为了更好地落实中国特色社会主义建设反腐倡廉的实践号召，必须保证高校思想政治教育教学工作充分发挥引导作用，确保新时代大学生树立廉洁正义的价值观，恪守"为大公、守大义、求大我"的时代精神，并做好新时代大学生的廉政教育工作。

二、高校廉洁教育现状

（一）廉洁思想教育的重视度不足

当前，我国社会反腐虽然处于高速推进的状态，但从整体来看，并不乐观。根据近两年来反腐工作的调查和统计，腐败队伍的年龄组成越来越低，呈年轻化的发展趋势。究其原因，是大学生廉洁思想教育受重视度不足，由于部分高校未能做好早教、早控，使部分大学生群体的个人利益观和价值观

产生了偏差。部分高校在开展大学生廉洁教育的过程中，缺乏科学的引导机制，缺乏有效的监督评价机制。最直观地反映在课堂设置上，大多数高校都以专业学科课程的教育教学工作为主，忽略了廉洁文化教育，虽然在思政教育课堂上有所涵盖，但由于整体课时分配的限制，廉洁文化教育的开展不直接、不精确，无法使大学生形成深刻认识。

(二) 廉洁教育形式内容有待创新

廉洁文化教育体系具有深远的历史价值，反映的是中国特色社会主义新时期精神。因此，廉洁教育的内容也应该是与时俱进的，在廉洁教育的过程中必须融入新时代的文化教育成果。现阶段，作为"Z世代"青年，大学生不仅接收信息的渠道变得更多更广，而且思维活动敏捷活跃，然而判断能力和反腐意识还比较薄弱，在具体的廉洁行为上也存在一定偏差。例如，考试作弊、学术造假、学生干部腐败等。目前我国许多高校在廉洁教育的过程中，未能从多方面入手挖掘整合廉洁教育的内容，导致教育工作流于形式，深度和广度有待发展。不仅如此，以说教为主的教育方式未能充分发挥大学生的主观能动性，使学生无法深入了解廉洁教育的目的，以及廉洁文化的重要内涵和时代价值，导致其对廉洁教育存在一定抵触心理。

(三) 廉洁教育制度体系有待完善

现阶段，许多高校的大学生廉洁教育工作都是以校级党组织监察部门带头，各分院相关部门落实开展主题活动为常规形式，尚未形成科学长效的廉洁文化教育制度体系。二级分院团总支、学生会和班级在开展廉洁教育的活动中未形成合理机制，整体较分散，缺少计划性和系统性，导致整体教学效果不佳。部分高校对廉洁教育的理解有偏差，以廉政教育的形式在领导干部层面开展相关工作，甚至将这一工作的重心放在党政干部或社会腐败问题上，未针对教职工和学生群体开展不同层面的教育工作，廉洁教育未能充分融入大学生校园文化建设。

三、加强廉洁教育的对策

（一）全面提高对廉洁教育的重视度

为了有效提高高校对大学生廉洁思想教育的重视程度，新时代的大学生廉洁教育工作应从以下方面着手：

（1）应从明确思想定位入手，强化大学生自律意识。高校廉洁文化教育工作的深入开展，需要以党风建设为科学指导，以此来增强高校思政的廉洁自律意识并坚定政治工作意识。以全面从严治党的反腐倡廉新形势为背景，全面深入推进高校党组织廉洁廉政建设，通过定期开展廉洁教育使教职工和学生党员干部明确廉洁教育的政治定位，确保将廉洁自律准则落实在日常教育教学工作和学生工作的方方面面，发挥党员在廉洁校园建设中的先锋模范作用，在提升学生在工作、生活中的反腐倡廉意识的同时，要积极与不正风气、不良现象做斗争，开展严格的批评与自我批评，以此进一步增强党组织在廉洁反腐工作中的战斗力和凝聚力。不仅如此，高校廉洁工作还要走好新时代的群众实践路线，通过明确党员干部的前进方向，不断提高全体党员干部廉洁廉政的思想觉悟和理论实践水平。以确保在理论学习中逐步提升自身的廉洁自律意识，在日常的学习、工作与生活中自觉落实高校廉洁教育的相关要求准则，不断提高政治站位，保持头脑清醒理智，体现新时代大学生党员的廉洁纪律意识。

（2）为了更好地建设风清气正的高校文化，打造良好的廉洁教育环境，还要从校园文化的警示教育作用入手，加强对大学生群体的思想政治教育。廉洁教育与高校思想政治教育从本质上来说具有一脉相承的贯通性和交叉性。首先，高校思想政治教育的主要目标在于立德树人，廉洁教育需要以思政教育为依托，才能使廉洁文化走进校园、走进班级、走进师生的工作、学习和生活。其次，廉洁文化自古以来就是先进文化的代表和典型的精神灯塔，廉洁教育需要渗透在高校思想政治教育中才能有效地将廉洁精神、法治、理论及实践呈现出来。此外，廉洁教育与思政教育本身都具有历史性、时代性和先进性。因此，在高校廉洁教育中以思政教育为主要渗入点，以此来体现高校思政教育工作的鲜明时代特点；在思政教育中应以廉洁文化为重

要内容，来凸显思政教育的实践性和思想性。

为了进一步加强廉洁文化在高校的渗透，要不断完善廉洁师资体系，做好高水平、高素质的廉洁教育"大先生"的选拔和培训，以高校党政干部、思政教研部教师、辅导员为主力军，加强对廉洁教育师资队伍的建设，以此形成廉洁育人的合理协同作用。不仅如此，还要加强师德师风的建设，从廉洁道德、行为准则入手，倡导从政、从业、从教的廉洁风气，以此修身，不断提高其判断领悟力和执行实践力，以此来有效遏制不良思想和腐败文化对大学生的腐蚀，守护校园廉洁阵地，做好组织宣传工作，利用图书馆、校史馆、学生活动中心、宣传栏、校内网等设施平台，开展内容丰富、形式多样的各类学生活动，在校园文化建设和思想教育工作中有效渗透廉洁文化，打造隐形课堂。

（二）创新廉洁教育的形式与内容

新时代的廉政建设和反腐败斗争应深入高校，走进校园，才能确保高校在高质量发展转型与改革创新中保持良好的校园文化环境和教育环境，营造清朗的教书育人的氛围。高校是思想意识形态教育重地和科学文化教育阵地，倡廉反腐工作不能简单地定义为严厉打击腐败、扼杀腐败和遏制腐败问题的增量，必须确保理论和意识走在实践之前，才能更好地发挥其科学指导和教育规范作用，将廉洁理念植入高校的青年学生、教师、教职人员的意志和精神。一方面，要将清廉、自律作为高校育人目标，作为人才培养目标的主线，以此来推动价值观念和法规制度在高校教育工作中的落实，营造良好的高等教育环境。另一方面，由于廉洁文化具有历史性、实践性，是在无数反腐斗争中凝练的先进思想和伟大旗帜，所以要充分发挥其抵御腐朽思想的作用，从理论到制度再到实践，全面构建高校廉洁教育建设战线，以教育和监督为主导，构建大学生反腐败体系，从而形成高校廉洁文化环境。

高校肩负着培养社会主义事业建设者和接班人的重大使命，因此，必须以立德树人为落脚点，引导大学生树立全心全意为人民服务的社会主义核心价值观，才能进一步解决高校育人的方向性、目标性和原则性问题。而廉洁文化教育工作，重在培养大学生的廉洁文化素养，使其树立廉洁价值观念，这一举措同样关系着青年人的成长与成才。现阶段，以"00后"为代表的青年大学生，思想活跃，受不良社会风气和西方资本主义思想的冲击与诱导很容易出现钱本位、权本位的错误思想导向，很容易出现以享乐主义、拜金主义和个人主义为代表的自我放纵、堕落的倾向，不利于正确世界观、人生观、价值观的形成。基于此，必须将廉洁文化教育落实在立德树人的全过程，才能培养有责任、有担当，明大义、守公德的时代青年，才能构建和谐的高校校园环境。

就高校廉洁教育的形式来说，应从学生的基本情况入手，既要遵循德育教育教学的规律，又要符合学生的认知心理特点。

（1）要完善大学生廉洁教育教学的教材，不仅要从思想政治教育中挖掘廉洁教育资源，还要注意理论和实践的梳理整合，通过编写专门的廉洁教育教材，不断扩充高校思政教育和廉洁文化教育教学的文献资料库，以此来保证廉洁教育开展形式的系统性、科学性和实效性，确保其与时俱进。

（2）要优化廉洁课堂教育教学的方法。在课堂教学中，应以大学生为主体，突出其主体地位，发挥其在学习中的主动性，改变以往以教师为主体的讲授型教学方法，增强廉洁课堂的直观性、互动性和体验性，充分借助网络教育资源，发挥线上和线下教学的合力作用，保证廉政教育的深度和广度。

（3）要打破传统的课堂教学模式，扩展教学渠道。为了有效拉近大学生廉洁理论知识和行动实践之间的距离，在确保有效引导大学生理论思想和情感认同的基础上，可以参加当地红色革命博物馆、纪念馆，以此来学习一脉相传的红色廉洁事迹。或者开展社会调查或社会服务工作，以此来使大学生加深对廉洁文化价值观念的认知，从形象的感性思维上升到理性逻辑思考，并落实到社会实践与现实学习、生活、工作中。

大学生廉洁教育除了要与思政课堂相结合外，还要与中华优秀传统文化中的廉洁、廉政思想相结合。在中华优秀传统文化中，廉洁文化具有丰富的历史内涵，不仅体现在政治制度层面，还在精神上有着明确的认知和价值取向，也在物质层面有着多种形式的教育载体、内容和景观。可以说，优秀传统文化中的廉洁思想在现代依然具有很强的教育和警示作用，高校在整合廉洁教育的内容过程中，可以将勤俭节约的美德、修身养性的价值观、爱国爱民的大局观作为廉洁教育的切入点，并结合廉洁奉公和腐败贪污的历史典型作为课堂教学的补充案例，使大学生能够以史为镜、以史为鉴。除此之

外，还可以整合法学、历史学、政治学、教育学、社会学等学科交叉内容作为理论支撑，或者开设相关专题溯源，以此来开展形式灵活、内容丰富的廉洁教育活动。

(三) 完善高校廉洁教育的制度体系

为了更好地落实新时代大学生廉洁教育工作，高校应从建立健全廉洁教育制度入手，保证科学合理的监督、量化与考核。除了在组织机构和教育形式、内容上进行创新，还要保证内部廉政建设的不断完善。高校廉洁教育工作的全面落实，不仅需要辅导员和思政教师的努力，还需要宣传、教务、学工等部门的共同建设。因此，可以将廉洁教育与廉政建设任务分别落实在不同部门的工作中，以此来保证廉洁教育目标落实到具体的人，并将目标完成情况作为年终考核、晋升、评级的参考项目，提高相关人员的重视度和能动性。要完善廉洁教育体系，保证质量水平。高校党委、二级学院党组织等也要形成专门的领导小组，确保在廉洁教育开展中起到有效的监督，形成长效的廉洁教育管理机制，以此来巩固廉洁教育工作的成效，保证各级学生干部的廉洁自律意识和行为准则，保证高校形成统一的廉洁教育战线，确保民主监督，将廉洁反腐工作落到实处，实现立德树人的教育目标，以时代青年的刚正不阿促进社会的和谐正气。

廉洁作为中华民族的传统美德，关系到中国特色社会主义反腐倡廉工作的实效性，高校作为重要的思想文化教育阵地，必须发挥立德树人作用，在积极探索廉洁教育的基础上，不仅要重视廉洁文化的教育工作，还要创新廉洁教育的形式与内容，更要加快完善高校廉洁教育的制度体系，才能在当前反腐倡廉的攻坚转折期打牢青年基础，打造风清气正的社会环境。

第二节 大学生廉洁教育的创新发展路径

拓展反腐倡廉建设新途径和创新反腐倡廉建设形式，是高校反腐倡廉建设的有效载体，同时也是加强和改进大学生思想政治教育工作的一个重大课题。本节主要介绍创新大学生廉洁教育的方法、载体和教育主题这几个方面，以探索大学生廉洁教育的创新发展路径。

一、创新大学生廉洁教育的方法

(一) 教育者的教育方法

教育者廉洁教育方法是指以教育者为主体，积极、有针对性地对受教育者进行廉洁教育的方法。该方法具有很强的可控性和直接性。

1. 说服推理教育法

说服推理教育法是一种教育方法，允许学生接受或改变某些概念、信仰和道德标准，并通过陈述事实、推理和启发性指导来引导他们的行为实践。说服教育方法是我国高校思想政治教育的基本方法，是党的思想政治教育工作的基本方针，是最常见、最有效的灌输教育方法，是大学生廉洁教育的重要手段。说服教育法主要通过报告、解释、对话、讨论等形式教育学生，具有针对性、感染力、真实性、民主性、互动性等特点。说服教育法具有直接内容的优势，即它可以通过语言、文本、音乐、视频和其他媒体直接告知受教育者教育内容。教育工作者占据绝对积极的位置，可以出于个人原因及时调整教育内容，以达到目标效果。使用这种方法时，应注意克服单向沟通的倾向，这种倾向容易导致教育的逆转，影响教育效果。

2. 全员全程教育法

全员全程教育法是指高等教育部门、大学、社会、企业、社区、家庭等单位注重青年学生的廉洁价值观、廉洁素质和廉洁行为发展，积极配合和参与廉洁教育活动的全过程，形成良好的廉洁社会环境的一种廉洁教育方法。从高校的角度来看，全日制教育主要是指从低年级到高年级，甚至到研究生阶段的教学和教育、管理和服务教育的全过程。就学校而言，综合教育方法的使用旨在创造一个干净的校园舆论氛围，发挥环境和舆论氛围的微妙影响，同时努力克服可能存在的问题，如综合教育环境的形成过程复杂、参与者众多和意识形态水平参差不齐。高校各职能部门和人员应树立教育意识，对本岗位的素质教育作出应有的贡献，并承担应有的责任。

3. 知行合一教育法

知行合一教育法是引导受教育者将廉洁教育的基本概念和原则转化为

自己的思想和信念，引导自己的行为，从而形成知行合一的方法。知识与实践的统一是大学生廉洁教育的最终目标，也是检验大学生廉洁教育效果的根本标志。知识与实践相结合的方法便于调查和评估大学生廉洁教育的现状和效果，具有良好的示范作用。使用这种方法时，应注意及时向学生反馈调查和评估信息，以促使他们自觉提高反腐意识水平，实现知识与实践的统一。

4. 榜样示范教育法

榜样示范教育法是教育者用他人的高尚思想、示范行为和杰出成就来影响学生，并促进他们形成良好道德品质的一种方式。示范法是影响大学生的一种方式。通过挖掘和建立廉洁的模型，他们可以感染高级人物的高尚品格和模范行为，使抽象而乏味的推理生动、典型，使廉洁教育更能为学生所接受，并增强他们的说服力。大学生处于喜欢展示自己的一个年龄段，容易受他人影响，并且会追随他人。示范法可以很好地利用他们在这一时期的心理特点，树立廉洁和正直的榜样，并在校园里营造尊重、正直和廉洁的良好氛围。在使用示范法时，应注意选择一个真正有代表性和令人信服的模式，而不是作出牵强的选择，否则模式的作用将会丧失。

（二）受教育者的教育方法

1. 实践修炼法

实践教育方法是指大学生有目的、有计划地参与各种实践活动，培养受教育者的思想道德素质和行为习惯的廉洁教育方法。在社会主义革命和建设时期，提出青年教育应该走工农结合的道路，从实用知识和书本知识相结合的角度培养人才，我国社会主义人才培养取得了巨大成就。学生培训的质量和规格受到社会需求的影响和限制。在实施廉洁教育的过程中，教育者应积极开展大学生社会实践活动，拓宽大学生廉洁教育的途径。

（1）进行青年志愿者服务等实践活动

积极组织学生深入企业、社区、村、政府监管机构等部门，开展社会廉洁调查，参与反腐倡廉教育宣传，与老干部、老红军等先进人物交谈，参观革命纪念场所（博物馆）和警示教育基地等，引导大学生感受廉洁文化，在实践中树立正确的价值观，从而促进他们健全人格和良好行为习惯的养成。

(2) 积极开展第二课堂教育活动

让大学生在活动中接受廉洁教育，例如，以学生会活动为平台，积极开展演讲比赛、辩论比赛、戏剧表演、图片展览、短视频展览等。可以使学生在轻松愉快的氛围里开展以弘扬廉洁文化为主题的阅读思考活动，提炼和学习相关的名言和典型事例。增强廉洁教育的吸引力，在校园里营造浓厚的廉洁文化氛围。

2. 自我成长法

自我成长法是指在教育者的启发和引导下，独立规划自己的成长道路，提出自我成长目标，有意识地采取措施实现思想转变和行为控制，逐步形成良好的廉洁意识的大学生廉洁教育方法。自我发展方法的本质是自我培养、自我教育和自我提高。基于已经形成的廉洁价值观，受教育者已经独立完成了设定目标、自我实践和自我评价的过程。自我成长的方法可以采取自我学习、自我座右铭、自我批评和自我约束的形式。自我发展方法的使用应该注意学生在班级、宿舍中的角色，还有学生会和协会，它们与受教育者密切相关，对受教育者有很大影响。还应该注意培养受教育者的自我修养和兴趣意识，激发他们对自我修养的热情。此外，有必要对受教育者给予及时和有针对性的指导，帮助他们掌握自我成长的方式和方法。

(三) 组织部门的有效教育方法

1. 条件保障法

条件保障法是通过大学、教育组织和其他组织的调查和倡议，增加政府对大学生廉洁教育的投资，是从基础设施上确保大学生廉洁教育顺利实施的一种方法。大学生廉洁教育是一项长期的系统工程。它的教育效果显然是长期的、隐蔽的。换句话说，廉洁教育对大学生的影响只有在他们接受教育后才能显现出来。它尚未纳入学科体系和教学计划，直接影响到大学生廉洁教育的软硬件实施和建设。硬件建设和其他明确条件的投资仍然不足，因此，软件建设更不可能实施。高等教育部门和高校应积极开展相关调查，为大学生廉洁教育的发展创造条件。创新大学生廉洁教育的具体实施措施，以促进大学生廉洁教育投入的增加，确保大学生廉洁教育的有效性。

2. 政策指导法

政策指导法是指制定和实施一系列大学生廉洁教育政策，采取措施提高大学生廉洁教育效果，引导和促进各级教育机构和社会组织重视大学生廉洁教育的方法。政策指导法是我国思想政治教育的重要方法之一，在实践中取得了良好的效果。《关于在大中小学开展大学生廉洁教育的意见》等中央文件为全国教育系统提供了贯彻执行的重要指导思想，体现了党中央的政策指向。对高校而言，则要将"指挥棒"有效指向大学生廉洁教育。具体来说，可在评定"三好学生""优秀学生干部""国家奖学金"、入党等评奖评优和选拔优秀的政策中加大"廉洁品质"的权重，通过设定具体的标准和条件来引导和激励学生的廉洁行为，从而使学生按照政策引导的方向发展。

政策指导法的特点是强制性、刚性和灵活性。实现者可以设计自己的实现方法，同时具有权威性。

3. 过程评价法

过程评价法是根据大学生廉洁教育规律，通过评价机制促进大学生廉洁教育可持续发展的一种方法。过程评价方法的实施主体可以是政府、大学或其他研究机构或部门。该方法根据国家对大学生廉洁教育的要求和高校的特点，充分考虑了大学生的生理和心理特点，建立了切实可行的大学生廉洁教育评价指标体系，对大学生廉洁教育进行了分解和提炼，形成了多角度的观察点，综合评价了大学生廉洁教育的实施过程，有效促进了大学生廉洁教育。

使用过程评价法要注意以下三点：

（1）评价指标体系的建立应符合高校的实际，具有可操作性。

（2）评价维度和指标的设置应反复论证，应是高度科学、合理和有针对性的。

（3）评估结果应得到国家高等教育部门的支持，以便与高校的发展、建设和投资紧密联系，避免形式主义。

二、创新大学生廉洁教育的载体

（一）强化信息化建设

无论是传统媒体还是新媒体，它们的功能都是发挥舆论的导向作用。

微博和微信等媒体的出现将信息尽快传播给了最广泛的人群。因此，每当全国性事件发生时，作为"第四媒体"的新媒体必须尽快做好准备，精心策划，全面报道，为人们使用新媒体提供良好的服务，为公众创造良好的社会氛围和舆论环境，为人们树立正确的价值观提供更好的外部环境。

通过在各种信息中肯定某些社会行为的价值和意义，现代信息技术鼓励人们，特别是大学生，模仿这些行为和深刻理解其主题，并进一步将它们嵌入深层价值观中。加强大学生廉洁教育，应充分发挥现代信息技术的优势，促进廉洁教育进入大学生的头脑。抓住网络平台，让大学生有更广阔的接触空间，开拓创新，让大学生更愿意接受廉洁教育，达到预期的教育效果。例如，可以在校园网站上设立一个关于"打击腐败和促进廉洁"的特别网页和一个关于"廉洁文化进入校园"的特别专栏。此外，可以将大学生喜欢听的有吸引力的廉洁故事制作成短片并上传给学生分享和传播。同时，要注意引导学生对信息技术的热情，培养廉洁品质，引导学生自觉摒弃网络中与廉洁相悖的信息，开展廉洁知识竞赛等活动。这些活动对青年团体会产生积极影响，帮助他们树立正确的人生观和价值观。

在现代信息技术环境中，人们经常无法利用现有知识来判断各种信息源的准确性和真实性，甚至通过各种平台收集的信息有时也会自相矛盾。在这种情况下，有必要不断改进现代信息技术，特别是官方主流现代信息技术，让人们在不断改进自己社会价值观的同时，享受现代信息技术带来的大量信息，真正感受祖国的繁荣，增强社会各界的爱国热情和民族自豪感，逐步树立社会主义核心价值观。

（二）丰富校园文化载体

文化对人类的影响是深远的。校园文化是学校发展进步的灵魂。将廉政文化融入校园文化建设，引导大学生健康成长，拥有先进、健康、积极的廉政文化，真正成为社会主义建设的支柱，德才兼备，是高校培养和教育人才的根本任务。

1. 校园文化活动是大学生提高综合素质的重要途径

依托校园文化和网络阵地，将大学生廉洁教育融入校园文化建设，通过多种形式和载体培养大学生的情感。在学术竞赛、科技创新、文化艺术表

演和其他学生活动中，允许学生有意识地参加各种活动，宣传良好的社会习俗，如举办以反腐倡廉为主题的演讲比赛，创作廉洁的文化作品。在"一头一尾"学习和毕业这两个重要时期，我们应该做好廉洁教育的主题活动。通过各种活动和营造浓厚的校园廉洁文化氛围，增强大学生的廉洁意识。

2. 廉洁文化建设应该以校园为基础

让学生进行初步的廉洁实践和自我管理体验，应该作为吸引人们廉洁的出发点。大学生廉洁教育是一项与文化建设密切相关的人才建设项目。在这一时期，有必要不断探索教育方法，丰富教育内容，使廉洁观念深入人心，在大学校园树立廉洁的前沿阵地。

3. 要将廉洁教育融入校园文化建设

我们需要加强师德建设，营造良好的育人氛围。教师是"人类灵魂的工程师"，对大学生来说具有示范作用。教师的思想政治素质和职业道德直接影响到工作的整体效果和学生的健康成长。只有当教师真正学习、相信、理解和使用时，他们才能很好地教育和训练学生。在高校，教师不仅是说教和教学的主体，也是廉洁教育的传播者。因此，教师应不断提高职业道德和专业水平，以身作则，言行一致，带头进行教学。

(三) 建立健全廉洁教育机制

良好的道德不是来自知识，而是来自行动。这表明了评估廉洁教育在各个方面的有效性和重要性。为了确保廉洁教育项目总体目标的实现，廉洁教育应融入社区教育、学校教育、家庭教育和校园文化，将它们结合在一起，相辅相成。多样化的教育形式应该拓宽渠道，优化配置，努力打造"四位一体"的综合实力。因此，有必要不断建立和完善廉洁教育机制，使廉洁教育成为高校思想政治教育理论体系的重要组成部分。应该把它纳入基础课程的教学计划，确定明确的教学步骤，有计划地进行教学，做到事半功倍。同时，根据大学生的特殊性，充分发挥学校在廉洁教育中的主导地位，结合家庭教育等岗位的向心力，调动积极因素，充分发挥每个岗位的强大作用和自身优势，不断完善廉洁教育机制，形成高效的廉洁教育体系网络。

(四)深化"知行合一"教育

在社会实践中践行廉洁理念是大学生了解社会、了解国情、增加人才、为社会作出贡献、锻炼能力、培养个性、增强社会使命感的重要途径。高校应把廉洁教育与社会实践紧密结合起来,在社会实践中践行廉洁理念,发挥社会实践作为重要载体和媒介的作用。一方面,我们应该不断深入地组织学生开展社会实践,引导学生深入社会、了解社会,为社会服务。培养大学生的法律意识、守法观念和职业道德,积极组织大学生参加生产劳动、社会调查、公益活动、志愿服务和勤工俭学等社会实践活动,使大学生接受社会实践教育,增强社会责任感和使命感。另一方面,我们应该充分利用这个机会,在实践过程中开展廉洁教育,纠正学生在认知过程中的个人认知偏差,弥补学校教育的不足。正确处理社会因素的影响,树立大学生廉洁观,确保廉洁教育目标的有效实现。

(五)发挥课堂教学主渠道作用

目前,我国高校反腐倡廉教育大多以特殊教育活动和社会实践活动的形式开展,没有完善的教学体系进行深入的课堂教育。课堂教学作为教学的主要形式,具有规模效应、统一要求、系统清晰的特点。它反映了社会对这一目标的强烈意愿及其在方法论上明显的科学特征。加强大学生廉洁教育,必须充分发挥课堂教学的重要作用,将思想政治理论课作为教学的主渠道。将廉洁教育融入大学生职业道德教育和专业知识技能培训,使廉洁教育渗透到学生的思想中。对大学生进行廉洁和防腐教育,有助于促进大学生树立正确的世界观、人生观和价值观,让学生自觉意识到自己未来职业的社会价值,感受到自己肩负的社会责任和使命,成为社会主义事业的合格建设者和接班人。因此,这些课程应该作为培养学生廉洁和自律的起点,应该与当前高等教育的相关内容紧密结合。廉洁信用目标的实现和教学内容的改进应该整合在同一轨道上。廉洁教育应纳入教学计划,并在教师和学时方面得到充分保障,引导学生摒弃享乐主义、盲目攀比、官僚主义等错误观念,进一步提高学生的廉洁意识。高校思想政治教育也需要将廉洁教育纳入大学生职业生涯规划教育,引导他们树立正确的职业价值观。根据学生的专业特点,对

学生进行有针对性的职业理想、职业道德和职业纪律教育，如教育会计专业学生"不做假账"，教育新闻专业学生"不写虚假新闻"，从而使廉洁教育更有针对性。廉洁教育应贴近学生的实际生活，使廉洁教育的目标更加明确、具体、生动，从而提高廉洁教育的有效性。

三、创新大学生廉洁教育的教育主体

（一）将高校教育教学与实践作为主阵地

1. 建设廉洁教育课程体系

课程体系设计是提高大学生廉洁教育实施水平的第一步，也是反腐倡廉理论研究的基础。因此，我国大学生廉洁教育需要设计一套科学、可行、可操作、适应性强、系统的大学生廉洁教育课程体系。课程体系的内容不仅要考虑大学生的身心特点，还要涵盖中国和世界上典型的反腐败理论和策略；课程实施模式应包括课堂教学和实践。教学和实践的比例和时间应该根据学生的认知规律科学合理地设定。

目前，清华大学等高校已经初步设计并建立了廉洁教育课程体系，为大学生编写了廉洁教育教材，并取得了一定的成效，为进一步完善和探索大学生廉洁教育课程体系提供了参考。许多地区和大学非常重视廉洁教育教科书的编写，并相继出版了一批优秀的教科书。这些书是廉洁教育课程体系建设的重要支撑。在课程体系建设过程中，应根据高校的实际和廉洁教育的原始基础，注重逐步推进廉洁教育，将廉洁教育渗透到高校思想政治教育理论课中，分别开设廉洁教育课程和实践课程。

对于大多数还没有独立的廉洁教育课程体系的高校，应充分发挥"两课"的主渠道，将大学生廉洁教育与高校思想政治教育课堂教学紧密结合，让学生在学习知识和提高认识的过程中接受廉洁教育。此外，在实施各种专业课程时，还必须突出学科特点，挖掘教学内容中的廉洁教育因素，将专业知识的教学与职业道德的培养相结合，将知识与思想内容相结合，使学生在学习科学文化知识的过程中能够自觉加强思想道德的培养。

2. 开展廉洁主题的教育及实践

开展丰富多彩的廉洁教育和实践活动是大学生廉洁教育的有效形式。

在实践中，应培养大学生良好的廉洁素质。以各种健康、丰富多彩的科学文化活动为载体，开展主题鲜明、深受大学生欢迎的活动，使外部教育和引导逐步转化为大学生的真实需求，进而践行廉洁精神。

(1) 开展时效性强的主题教育活动

教育活动应在一定时间内结合热点问题及时开展。此外，一些人指出，如果这种价值取向不被打破，反腐败斗争就很难取得实际成果。因此，教育成为打破这种传统价值取向、传播新的文明和时尚最实用、最有效的方法和手段，具有很强的时效性和显著的效果。

(2) 在日常的学习生活中推进廉洁教育实践

除了将大学生廉洁教育纳入教学计划之外，我们还应该抓住与自身利益相关的有利机会，如入党、奖励和评价优秀学生，推荐免试的研究生开展廉洁教育。

3. 建立高校廉政研究中心或廉洁教育基地

在大学生廉政协会建设实践中，党委、纪委、团委等组织部门应充分发挥大学生廉政协会的"自我教育"力量，进一步配合廉政教育课堂教学，不断提高大学生廉政教育效果。除了给大学生廉洁协会一些财政支持之外，还应该给予更多相应的指导。

(1) 建立廉政研究中心

每所大学应根据其在学科、专业、教师和学生群体方面的独特研究优势，建立一个目标明确、学科整合的廉政研究中心。《联合国反腐败公约》规定了全面和多学科的廉洁研究，这也应该是廉洁研究中心的重要指导思想。廉政研究中心可以隶属于管理学院或人文学院，也可以直接隶属于大学党委或纪委。作为跨学科、跨院系的学科创新研究基地和学科监督专业培训基地，廉政研究中心为大学生实施廉洁教育和建立廉洁协会提供理论和实践指导。作为一个研究机构，廉政研究中心可以整合政治、管理、法律、经济等所有学科的研究力量，参与大学生廉洁教育的学科和课程规划，并作为纪检监察部门的"智囊团"参与学校的廉洁政府建设。

(2) 建立廉洁教育基地

根据学科和专业的特点，高校可以与地方政府机构、公安部门、医疗机构、公益组织等建立反腐教育基地。

①拥有法学院或法律专业的大学可以与当地公安和法律部门合作，建立"大学生廉洁法律教育基地"，学生能够参与大规模的腐败审判和判决，使学生在熟悉专业知识的同时接受廉洁和警觉的教育，树立正确的工作理念。

②拥有医学院或医学、护理等专业的大学可以与当地主要医院合作，为大学生建立"廉洁医学教育基地"。除了接受负面案例的警告和教育，他们还可以作为"廉洁检查员"参与医疗机构的廉政建设。

③学院和大学也可以联系周围的社区、养老院、小学等，通过"送温暖"和"星光支教"等公益志愿者活动，高校可以实施廉洁教育，培养社会道德，让大学生在实践活动中实现自己的社会价值观，增强责任感和使命感。

（二）加大社会宣传力度

良好的环境可以塑造优秀的灵魂。在社会教育中，应该在整个社会创造一个遵守法律、反对特权、提倡廉洁和惩治腐败的社会环境。学校教育应该了解社区廉洁政府文化和在社会上开展的企业廉洁政府文化。学校教育应该根据社会条件适当扩大，学校的社会实践活动应该加强，让大学生更多地了解社会现实，引导大学生在社会活动和家庭生活中严格要求自己，加强大学生的社会责任，打击腐败，在广泛了解社会的基础上倡导廉洁。

1. 注重宣传我党反腐败工作的政策

反腐败工作的政策为大学生廉洁观念的形成和加强大学生廉洁教育的效果提供了保障，并努力营造良好的社会环境和舆论氛围。以香港为例，这是亚太地区乃至世界反腐败的成功范例。1974年，当香港廉政公署刚刚成立时，香港当局意识到反腐败工作不仅取决于客观的实施和预防，还取决于主观教育。廉政公署成立后，意识到当务之急是在反腐败工作中赢得香港市民的信任和支持。为了实现这一目标，有必要让公众了解新成立的反腐败独立委员会和反腐败组织。廉政公署社区关系部设立的第一个负责"教育"的部门是信息办公室。该部门通过定期传播信息，向所有部门有效宣传独立反腐败委员会的反腐败职能和成就。它还制作电视连续剧、电话交谈节目、海报和公告，让公众意识到它的反腐败功能。

此外，廉政公署透过社区关系署辖下各民政事务处进行社区联络，并采取多种宣传方法，包括举行社区会议、进行挨家挨户采访、进入工厂和学校，以及加强与普通人的沟通，如汽车司机、小店主、小商贩、家庭主妇、青少年罪犯、移民等，从而达到宣传的目的。通过广泛宣传，公众了解独立反腐败委员会的反腐败职能和效力。更重要的是，认识到独立反腐败委员会和前反腐败部门在组织结构上的本质区别，即独立反腐败委员会是一个独立于任何其他政府部门的专门反腐败机构，拥有强大的调查权力。

可以说，早期的广泛宣传创造了强大的社会势头，在为独立反腐败委员会随后采取的一系列措施取得了巨大成功，这就为从社会主义核心价值观的角度对大学生廉洁教育发挥了非常重要的示范作用。在我国大学生廉洁教育的实践中，我们可以借鉴香港的成功经验，重点宣传中国特色反腐思想和实践的发展历程、党的反腐政策、政策和法律制度，以及党反腐工作的最新进展等，为大学生廉洁教育提供强有力的社会支持。

2. 动员大学生参与反腐败的工作

近年来，一些地方开始在制定公共政策时征求公众意见，以便通过吸收公众意见来提高政策制定的质量和政策本身的合法性。在制定廉洁政府政策时，还应该进行改革和创新，让公众、非政府组织、大学生、教师、企业和机构以及其他不同的主体参与进来。大学生对腐败有自己独特的看法，尤其是对权力腐败、学术腐败和其他在高校中出现的现象。此外，大学生的法律意识和思想素质远远高于普通大众，也更容易充分和直接地表达自己的想法。

因此，动员和吸收大学生代表参与制定廉洁政府政策可以有效提高政策的合理性。此外，大学生也可以在网上或现实中被雇用为"廉洁政府检查员"。调动大学生参与反腐倡廉工作的积极性，参与反腐倡廉工作，不仅可以提高大学生廉洁教育的效果，而且可以加大社会反腐力度。政府和非政府组织应该为大学生参与反腐工作提供一个社会平台，及时处理大学生的反馈信息，并考虑采纳大学生对廉政建设的监督意见。

通过上述活动，有助于培养大学生作为"主人翁"的责任感和使命感，从而鼓励和促进他们有意识地树立廉洁观念，践行廉洁行为，将大学生培养成为反腐败斗争的主体之一。增加大学生廉洁教育社会实践活动的机会和空间，一方面，政府机构、企业和机构可以根据自己的特点与大学建立廉洁教

育基地；另一方面，在各种廉洁教育实践活动中，应注意结合学生的现状，政府或公务员在企事业单位的实践模式不能直接应用。

(三) 营造廉洁家庭环境并与高校密切配合

家庭教育贯穿一生，是学校教育的基础和延伸。在家庭教育中，家长(尤其是父母)的言行举止对子女成长和发展具有深刻的影响。父母是孩子的第一任老师，是孩子终身学习的榜样，也是创造和谐家庭环境的主体。在家庭教育中，创造家庭环境的水平取决于家庭的经济地位、社会地位、文化背景、思想素质、知识水平以及父母和其他家庭成员的教育水平。由于亲属之间"血浓于水"的血缘关系和长期共存的情感基础，家庭在影响人们道德品质方面具有其他环境无法比拟的优势。因此，家庭的教育功能应该是学校教育和社会教育的有力延伸和补充，三者应该形成合力。

1. 重视家庭教育中父母的言传身教

(1) 孩子是父母的镜子，可以充分反映他们的日常行为和对生活的态度。首先，父母应该充分发挥优秀榜样的力量，注意提高他们的道德素质，并在日常生活中培养良好的廉洁习惯。此外，在父母的教育中，"行为"比"言行"更重要。当今的大学生有更好的成长环境和家庭条件，更独立的思想和更鲜明的个性。如果不能以身作则，大学生将无法真正认同父母的"说教"观点。父母应该用他们自己的行为来教他们的孩子做什么和不做什么，从而培养他们独立辨别美丑的能力。父母不管从事什么职业，有多么强大，都必须按照规定行事，并从小就引导他们的孩子树立高尚的道德和廉洁的观点。

(2) 父母可以有意识地为孩子创造一个干净整洁的家庭环境，从而达到用干净的环境感染孩子，实施隐性廉洁教育，教育与隐形相结合的效果。

(3) 父母还应该培养孩子独立生活的能力，教给他们基本的经济知识，鼓励和引导他们参与社会实践，并提供适当的帮助。在独立的财务管理和社会实践过程中，应该强调培养孩子勤劳节俭的观念和习惯，让他们明白舒适的生活并不容易，避免过度溺爱孩子，影响他们未来的生活发展。

2. 加强家庭与高校之间的沟通配合

家长应该及时关注孩子思想、学校的发展趋势，并且与学校保持定期的沟通，而学校也应该呼吁家长重视大学生的廉洁教育，并且能够及时向学校反馈孩子在家里的表现。学校与家长可以通过微信或 QQ 等方式建立双向互动的联系。一方面，学校应告知家长学校的目标、方向、内容链接和学生的表现，以便家长能为高校提供好的建议和意见，共同实现培养优秀学生的目标。另一方面，家长应及时向学校反馈通过与子女交流获得的大学生思想状况和趋势，为学校不断修订和调整大学生廉洁教育的教育教学计划提供依据。这样，就可以实现家庭教育和学校教育之间的有效联系，形成廉洁教育的合力。

（四）重视大学生主体的自我教育

作为高校廉洁教育的受教育者，大学生需要积极发挥自我教育和自我完善的作用，改变传统"教师讲、学生听，教师写、学生抄，教师问、学生答"的教学模式中简单的"客体"状态，与教育主体形成有效互动，进一步增强大学生廉洁教育的针对性和有效性。根据大学生廉洁教育的目标和要求，大学生可以积极调动主观能动性，运用科学有效的自主学习方法，探索、整合和利用有效的自我教育资源，开展自我分析、自我意识、自我规划、自我组织、自我监督和自我评价等一系列自我学习、自我管理和自我教育过程。大学生自我廉洁教育可以通过以下形式进行：

1. 发挥大学生廉洁社团的作用

根据调查，大学生普遍认为同学、室友、兄弟姐妹对他们的思想和行为影响最大，远远超过其他群体，如教师、辅导员和班主任。因此，同伴廉洁教育的力量不容忽视。大学生廉洁协会是一个自我净化、自我完善、自我革新、自我提高的学生团体，旨在充分发挥和展示他们的能力和思想，很容易达到点对点的廉洁教育效果，通过社区将个人自我教育和群体自我教育结合起来，带来新的和继承旧的。同时，大学生廉洁协会可以充分发挥大学生的自主性，在社会成员共同规划、组织和完成社会活动的同时，完成大学生廉洁教育的过程，并取得非常明显的教育效果。根据采访，大学生廉洁协会的许多成员表示，在亲自规划、组织和参与这些活动之后，廉洁教育将影响到他们的生活。

2. 延伸大学生廉洁教育的空间

当代大学生已经成为网民的中坚力量，互联网已经成为大学生现实生

活中不可或缺的工具和媒介。因此，大学生廉洁教育团队应该有效利用网络作为载体，加强与大学生的在线交流和互动，也可以利用网络平台激发大学生自我教育的积极性和主动性，比如聘请大学生在纪委网站上设计廉洁教育网站，吸引大学生参与大学生廉洁教育课件的开发和设计团队。这样，不仅有助于占据大学生廉洁教育的网络阵地，而且可以极大地激发大学生自我廉洁教育的热情，增强了教育的吸引力和有效性。

第三节　大学生廉洁教育的实践创新

大学生廉洁教育能否取得好的效果，助力大学生早日成为有大爱大德大情怀的人，重要的是要认真学习贯彻习近平新时代中国特色社会主义思想主题教育大会精神，在新时代积极探索创新教育的有效途径和实现载体。教育的途径和载体"接地气""冒热气"，廉洁教育才能真正受大学生欢迎，入脑入心，内化为心、外化为行。为此，要在传承我们党及高校思想政治教育优良传统和好的方式方法的基础上，勇于创新、大胆突破，使大学生廉洁教育更具时代性、生动性和感染力。

一、"疏"与"堵"结合，着力在疏导上下功夫

在信息化社会的当下，腐朽错误思想文化对大学生腐蚀渗透具有隐蔽性、欺骗性、广泛性和多变性等特点。这就要求在开展大学生廉洁教育时，既要主动适应"微时代"的特点，更要继承和发扬我们党思想政治工作的优良传统，认真贯彻指导方针，采取疏堵结合，以疏为主的方式和手段。

（1）该"堵"的要坚决堵住。必要的堵塞也是一种引导，大学生廉洁教育离不开必要的强制性禁止措施。当前尤其要加强对新媒体，特别是自媒体的管控，惩戒造谣传谣、考试作弊、论文作假等各种违规违纪行为，才能引导和确保大学生更多地接触和接受积极正确思想文化的教育和影响，避免把错误、腐朽有害的思想转变为影响和危害廉洁修身及校园清廉环境的言行。

（2）要着眼心服气顺搞好"疏"。廉洁教育主要通过广开言路、广开思路和解决问题门路的途径，以平等的身份、商量的口气和讨论的方式，多采取

第六章　大学生廉洁教育实践研究

启发式、讨论式的教育方法，强化交流互动；耐心细致地摆事实、讲道理，循循善诱、因势利导。只有这样，才便于了解掌握大学生廉洁修身的真实状况及形成原因，有的放矢地搞好教育，帮助其疏通思想、理顺情绪、辨明是非利害，把思想和行为引导到敬廉尚廉的正确方向上来。

(3) 要疏堵结合，以疏为主。"疏"与"堵"都是开展大学生廉洁教育的方式与手段，二者既有区别又有联系，教育过程中应科学地加以运用。既不能因怕大学生受腐朽错误思想及不良文化思潮的影响，一味禁堵；更不能感到大学生廉洁教育难搞，见怪不怪，放任自流，让大学生的思想跟着错误模糊思潮走。要疏堵结合，以疏为主，着力在疏导上下功夫。要明确的是不能把堵塞作为开展大学生廉洁教育、解决大学生廉洁修身问题的基本方法、主要措施，否则，将导致"按下葫芦浮起瓢"，不仅难以获得好的教育效果、达成教育目的，而且还是十分有害的。大学生廉洁教育中只要善于疏导，不强硬堵塞，是能教育引导大学生分清是非、利害关系，化解思想疙瘩、理顺思想情绪的。也只有这样才能做到"堵"能堵得严严实实，"疏"能疏得心服气顺，培养塑造大学生高尚的品格和廉洁的操守，提高其拒腐防变的能力。

二、"有形"与"无形"并用，着力在潜移默化上下功夫

部分高校在开展大学生廉洁教育时，往往习惯于将理论、观点、要求等通过课堂教学、讲座或报告会等有形方式开诚布公地告知学生。这种开门见山、意图明确有形直白的教育引导，往往易引起大学生的抵触情绪和逆反心理，使教育意图、目的无法贯彻或实现。显然，面对思维活跃、感知敏感、意识不稳定，思想活动呈现出日趋显著的独立性、选择性和多变性等特征的当代大学生，仅靠有形的说教是不够的，是难以达成廉洁教育目的的，必须教养一致，大力构建清廉的校园环境，充分发挥清廉校园环境的育人功能，潜移默化地熏陶学生。

(1) 要大力改善有形教育的方式方法，增强吸引力与感染力。要把握新时代要求，针对当代大学生思想活动及认知的特点，直面具体问题，触及思想敏感点，开门见山、见人见事，做到什么方法管用就采取什么方法，把道理讲深讲透，不搞"弯弯绕"，不打"外围战"。着力回答和解决大学生所关注的反腐败斗争中的难点和热点问题，讲好党的十八大以来反腐败斗争的"中国故

事"，从而使广大大学生正确地认识腐败及腐败现象，更加自觉地反对腐败。

（2）要着力打造清廉校园环境，滋养和熏陶学生。要强化校刊校报、宣传橱窗、校内广播电视等宣传传媒建设，充分发挥网络等新媒体作用，构建优良的清廉文化载体，传播廉洁文化。要通过创建"清廉食堂"、廉洁文化进公寓等活动，打造清廉文化阵地，全面营造清廉的校园环境，使校园环境成为中华优秀廉洁文化的展览馆、大学生廉洁修身的实训场，让大学生在无形无声中受到滋养、熏陶和感染，修身养性、净化灵魂。

（3）要把有形的教育引导与无形的环境熏陶有机结合起来，重在熏陶与潜移默化。大学生廉洁教育既需要课堂教学、讲座等形式教育引导，更需要充分发挥清廉校园环境的育人功能，潜移默化、滋养熏陶学生。一方面，通过课堂、讲座等形式教育强化科学理论灌输，用习近平总书记关于加强党风廉政建设和反腐败斗争的重要论述，以及清正廉洁楷模、先进典型事迹占领大学生廉洁教育的主阵地，帮助广大大学生树立正确的价值观、廉洁观，自觉抵制腐朽错误思想文化的侵蚀，积极践行社会主义核心价值观。另一方面，充分发挥清廉校园环境"润物细无声"的隐性育人作用。借助诵读红色家书、唱红歌、反腐倡廉书画展、廉洁征文与演讲等廉洁文化活动和清廉校园建设，使大学生在日常学习生活中，养成勤俭节约、公道正派、诚实守信等良好品质和行为习惯，早日成为有大爱大德大情怀的人。

三、课堂教育与实践体验并重，着力在体验感悟中下功夫

只有被生活实践中获得的经验和产生的积极情绪体验所丰富、所充实，才能使思想教育具有牢固的根基。为此，大学生廉洁教育应从偏重课堂教育，向课堂教育与实践体验并重转变，坚决克服认为搞教育就是上大课的误解，创造条件引导大学生积极参加社会实践活动，在实践中体验、感悟所学的理论，使之内化。

（1）要拓展教育思路，着力加大体验式教育的力度。要多在"走出去"上想办法、求突破，着力拓宽体验式大学生廉洁教育的方式方法。利用丰富的社会资源，组织大学生深入到企业、社区、村镇等参加社会实践活动，在社会实践中体验、感悟，分清是非、辨别良莠，正确地认识现实生活中的腐败现象，尤其是校园里的腐败及腐败亚文化现象，强化自律意识与廉洁意

识，增强夺取反腐败斗争压倒性胜利的恒心与信心，自觉践行"两个维护"。

（2）要拓展教育平台，着力优化社会实践的渠道与载体。要把大学生廉洁教育渗透到志愿者服务、暑期"三下乡"、实习支教等社会实践活动中，在搞好融合的同时，勇于担当，积极探索创新新时代条件下大学生廉洁教育与社会实践相融合的新渠道和新载体，不断推进和加强大学生廉洁教育的社会实践平台建设，使大学生从中汲取思想营养，牢固确立"贪腐可耻、廉洁高尚"的理念，在各种名利、诱惑面前筑牢思想堤坝、守住底线，心怀敬畏、公私分明、尚俭戒奢，主动将自己的青春梦融入实现中国梦不懈奋斗中的主流价值追求。

（3）注重人文关怀，引导帮助大学生正确认识和处理个人实际问题。大学生廉洁教育缺乏较强吸引力和感染力的重要原因之一，就是与当前大学生普遍存在的就业创业、人际交往等实际问题未能有效结合，缺乏人情味、缺少亲近感。大学生常常处于被动接受教育的角色，难以产生积极的情绪体验。只有从引导、帮助大学生正确认识和处理学习、生活中的实际需求与问题入手，才能使他们真正从思想上受到教育，大学生廉洁教育才能取得好的效果。教育中应强化人文关怀，把解决思想问题与解决实际问题结合起来，关心大学生的切身利益问题，满腔热情地引导和帮助大学生解决各种实际问题。做到既讲道理又办实事，既以理服人又以情感人，通过帮助、解决大学生个人生活、学习中遇到的实际需求或问题，引导大学生提高思想境界，廉洁修身。

四、传承与创新并举，着力在创新上下功夫

随着现代信息技术的迅猛发展，网络对传统的思想政治教育模式提出了新的挑战，也为大学生廉洁教育提供了新的途径与平台。这就要求大学生廉洁教育的方式和手段，要因时而进、因势而新，主动适应信息网络时代的特点，充分发挥高校智力和技术优势，做到传承与创新并举，着力于创新。

（1）传承运用好高校优良的思想政治教育方式方法，使大学生廉洁教育更直观、更鲜活。要在结合、充实与完善上下功夫，整合运用好知识竞赛、专题演讲和辩论会等载体，以学习讨论、案例剖析、警示教育等多种方式，加大启发式、讨论式、开放式教学力度，不断拓宽和改进教育渠道与方式，

着力克服大学生廉洁教育载体和方式方法过于单一呆板、难以调动大学生学习积极性的问题，努力使大学生廉洁教育更加形象、生动、直观，把大学生廉洁教育搞活。

(2) 强化创新意识，掌握廉洁教育的主动权。大学生廉洁教育的途径和载体应该是多种多样的，要站在新时代的高度，认真分析研究大学生廉洁修身的现状及认知与心理特点，相向而行。在精准把握好正确的目标方向和价值导向的同时，着眼社会环境的变迁和大学生思想脉搏的变化，强化创新意识，开发利用好各种教育资源，着力探索创新大学生廉洁教育的有效途径及实现载体，逐步构建富有时代特征、实践特色、务实管用的廉洁教育方式和手段，提升廉洁教育效果。

(3) 把握时代特点，积极探索运用网络、短信等新兴载体开展大学生廉洁教育的方法与途径。信息网络的开放性与跨文化性、虚拟性与隐蔽性、快捷性与即时性，使信息网络对大学生的思想更具渗透力与影响力。为此，大学生廉洁教育要跟上大众传媒的发展，把握信息网络时代的特点，着力在探索与创新大学生廉洁教育的有效途径和实现载体上下功夫，积极开发利用网络、短信、微信、博客和网络电视等新兴载体与教育手段。采取网上教育与网下教育、传媒互动与直接面对面等相结合的教育方式，既用活"键对键"，又坚持"面对面"，更力争"心贴心"；既关注虚拟世界又直面现实问题，不断提高大学生廉洁教育的时代感、针对性和实效性。同时，还要注重培养提高广大教育工作者运用新兴媒介的能力、辨析选择信息的能力和实施有效监管的能力，实现教育者与教育技术的"无缝链接"。如此，高校大学生廉洁教育才能充满生机和活力，大学生廉洁价值观与清廉品质的培育才能更加强劲。

第七章　大学生美学与音乐素养教育实践研究

第一节　大学生审美教育的迫切性

审美教育是通过美与艺术引导与培养人的审美观，进而达到塑造完美的人的目的。在当代审美多元化的现实情况下，大学生受到多种审美观念冲击，对审美教育也提出了更为迫切的需求。

一、审美教育对人的塑造作用

文明的出现与进步使人类从原始的自然状态过渡到社会状态中，人逐渐开始有了性别的尊卑意识、伦理意识，开始有了阶级划分、贫富差距、道德规范。在人造的社会现实中，人逐渐不再以其自身本应有的样子而存在，而是以社会所规定的样子而存在，人的身体与精神都受到来自社会的压迫与束缚。然而，人本性所追求的却始终是自由，而人精神的完全自由只有在审美世界中才能达到，因为只有审美可以不受任何限制，每个人都有欣赏美和创造美的冲动和能力，人可以在审美世界中尽情翱翔，而不受到任何约束，人在审美中释放人性。正如席勒所言："唯有在审美状态中，我们才感到我们好像挣脱了时间，我们的人性才纯洁而完整地表现出来，仿佛它还没有由于外在力量的影响而受到任何伤害。"审美使人获得精神上的自由，进入"自由王国"，从而为培养完整的人格提供了可能，也只有通过审美教育的实践，人才有可能进入审美自由的状态，调节人性的平衡性，养成健康的审美情趣，从而塑造完美的人格。

审美教育的过程，同时也是促成一个人审美感性与德育理性相互融合与统一的教化过程，是对人道德教育的完善和巩固。别林斯基说："美与道德是姐妹。"美和道德是相互依存、相互促进的关联体，没有美的道德是虚假的道德，缺少审美教育的德育是不完整的德育。"道德状态只能从审美状

态发展而来，不能由自然状态发展出来""想使感性的人成为理性的人，除了首先使他成为审美的人以外，再没有别的途径"，在审美过程中，人能够将直接性的感觉上升到逻辑的思维和道德上，审美为人的理性思维提供了形式冲动，从而将人的感性与理性统一起来，使人在感性与理性的自由结合中不知不觉地接受道德观念，借助美育的情感移情使人自觉接受隐性道德教化，自觉完成道德体验。纯粹的道德教育是乏味枯燥的形式与理论教育，只有通过审美教育将其上升为情感，才能达到一种由内至外的价值转化，真正促发道德的教育效果。从这个意义上来说，审美教育使人从客观上感受美的趣味，使人自觉追寻高尚的精神世界，追求道德自我的人生意义。

二、当代大学生的审美倾向

随着时代的变迁，大众审美倾向发生了巨大变化，以往的凌驾于现实生活的审美态度逐步瓦解，日常生活审美化成为当代审美的主流，当代大学生的审美倾向逐渐体现出多元化、通俗化的特点。

（1）大学生正处于大脑迅速发展的高峰阶段，他们思维敏捷，接受新生事物速度快，包容度大，快节奏的信息化社会带动了他们审美观念的多元化趋势。面对文学艺术的多样性，大学生在接受以往独立于世俗生活的高雅文化审美的同时，对现实生活中出现的众多日常化审美也体现出了接受与尝试的态度。如在对待中性美、网络小说的审美价值、草根文化等问题上，从不被认同到现在的主动接受与研究，相距时间不过短短几年。在面对各种各样的审美对象时，大学生往往能秉持着不反对、不诬蔑的态度，从事物的各个角度来欣赏其中的美感及意蕴，并主动将其吸纳到自己的人生观与价值观中，最终构成了大学生多元化的审美价值观。

（2）大学生审美还呈现出通俗化的趋向。一方面，艺术生活化、生活艺术化已成为整个社会审美的新形式。在这种形势下，审美活动也就不再局限于高雅艺术而转向日常生活。而在对日常生活进行审美时，大学生很容易就能找到与其自身相关或相似的艺术塑造，如一些青春励志性的电影与书籍，都或多或少地反映出当代大学生成长过程中的欢笑与苦闷。在欣赏这些艺术作品时，大学生也就更容易沉浸在作品所带来的审美愉悦中，大学生的审美也就不可避免地走向通俗化。另一方面，大学生处于从学生走向社会人的转折阶段，其所背负的社会压力不断增加。身心疲惫之下，他们在进行审美选择时，就更倾向于简单直观的感官性审美对象，不再追求以往那种超越感官进而以陶冶与净化人的精神世界为目的的崇高审美意蕴。而通俗艺术以简单明了、直观易懂的艺术特征正好满足了大学生的这种审美需求，使大学生在审美过程中能迅速地产生审美体验，进而放松心情，缓解压力。正如在疲惫至极时看一场泡沫喜剧远比看一部充满隐喻的文艺片容易让人得到愉悦的快感，这种对审美对象的表象化要求也就导致了大学生在审美过程中更多地注意审美对象的表现形式而非内容，也加剧了大学生审美通俗化的趋势。

三、大学生对审美教育的迫切需求

随着社会的发展和国民视野的不断开阔，大学生的审美教育问题成为当前学生教育教学中面临的一个紧迫问题。在应试教育的影响下，绝大多数学生都是从大学阶段才开始接触到审美教育，其审美趣味的培养仅来自本科为数不多的选修课程，大学生审美素养极度不均衡。学生从小的家庭环境和生活环境导致了个体审美能力的差异，当代社会参差不齐的大众文化更对大学生健康的审美观的形成造成了阻碍，低俗的快餐文化越来越多地进入到大学生的视线之中，并通过大众媒体的传播直接影响到大学生的审美趣味，使其离正确健康的审美理想越来越远。

在国家素质教育的影响下，大学生也逐渐感受到了审美教育对自身的重要意义，他们开始看到审美教育对缓解压力、陶冶情操的巨大作用，以及审美教育对自身人格意识培养的积极意义，对专业学习的促进作用和对创新能力的滋养。大学生肯定并期待能够接收到审美教育。

高校对大学生的审美教育对大学生全面素质的提高和人格的塑造起着至关重要的作用，但如今的审美教育现状仍然不能满足当代大学生健康审美的需求，面对日益变化的社会需求，大学生对审美教育提出了迫切需求，需要各高校的重视与反思。

第二节　新媒体时代大学生审美教育路径

一、新媒体时代大学生审美教育的挑战

新媒体时代大学生的审美教育面临诸多挑战，主要是物质主义对大学生的审美教育产生了很大的侵蚀。在当前我国经济迅速发展的背景下，新媒体尤其是自媒体的出现，对学生产生了很大影响，且对学生审美价值观的影响比较突出，使得大学生的审美教育面临很大挑战。物质主义对学生的价值观和审美趋向有明显的影响，网络信息的良莠不齐和腐朽的思想价值观等，对学生造成的不利影响比较大，物欲化、享乐化的大众审美文化和后现代主义文化造成学生审美价值观的混乱和虚无，这给开展审美教育增加了很大难度。

另外，新媒体时代大学生缺乏审美理论教育的问题也比较突出，课程设置偏专业化，教学的模式比较单一，这造成了对人文素质课程教育的忽视。当前，高校大学生审美教育最大的难点就是怎样帮助学生树立高尚的审美价值观，怎样科学地应用新媒体，从而开展审美教育。

二、新媒体时代大学生审美教育途径探究

新媒体时代加强大学生的审美教育就要从多方面加强重视，笔者就此提出几点措施：

（1）加强校园网络文化的建设工作。新媒体时代大学生审美教育工作的开展，要充分注重校园网络文化的建设，要注重将其和自媒体特征紧密结合起来，通过自媒体的科学应用开展审美教育，为教育目标的实现打下基础。自媒体的应用要注重和其自身的特征紧密结合，在声音及图像等多种信息的综合下，为学生的审美教育提供素材，将审美教育的内容及形式进行创新。充分重视对网络的管理工作，高校可以以官方微博及微信公众号的方式加强自媒体平台的建设，让学生通过自媒体的应用积极参与学校公共事务，丰富学生的生活，积极引导学生的审美走向。

（2）突出审美教育时代性的特色。新媒体时代背景下，大学生审美教育工作的开展，要能将时代特色鲜明地呈现出来。在审美教育过程中，要在教

学内容上进行拓宽，要和多元文化进行融合，审美教育要和时代发展的走向契合。教师在教学过程中要从美学角度分析，指导学生树立自己的审美观。同时，对艺术作品解读的时候要深刻、全面，让学生的审美能力能从具体的事物当中提高，让学生对审美的认识能有所提高。审美教育当中要注重审美情趣的延伸，注重审美功能的充分发挥。

（3）注重审美教育方式的创新应用。在对大学生进行审美教育的过程中，教师要对学生的学习积极性和好奇心进行调动，通过启发式的教育方式引导学生主动思考。通过对新媒体的优势应用，将审美教育内容动态化地呈现出来，让学生的形象思维在这一过程中能够充分发散，这样就能提高学生的学习积极性。教学过程中要充分重视课外延伸的审美化，将课外的内容和学生的审美教育紧密结合起来，让学生的特长及创造性得以充分发挥，只有从这些层面得到加强，才能有助于审美教育的质量提高。

（4）重视学生媒介素养的提高。为了审美教育的工作能够顺利开展，提高学生的审美能力，教师要对学生媒介素养的培养加强重视，要能够多角度地进行分析，找到恰当的培养方式。这就需要开展系统媒介素养教育课程，充分发挥教师自身的优势，在资源的利用上要充分，提高学生自媒体的操作水平。加强对学生的自我教育，使学生主动提高自身的媒介素养，从而为审美教育工作的开展打下基础。

第三节 音乐素质培养的重要地位

随着经济社会的发展，各行各业对高素质复合型人才的需求与日俱增，高校的根本任务是培养符合社会需要的全方面发展的社会主义建设者和接班人。而音乐素养培养作为高校艺术教育的重要组成部分，它不仅可以引导学生的审美情趣，同时还对大学生的综合素质发展有着重要作用。

一、音乐素养的含义

音乐教育并不是通常意义上的教授唱歌，更不是人们认为的培养音乐家，真正的音乐教育首先是培养全面发展的人。所谓促进大学生全面发展，从广义的角度讲就是促进其思想道德素质、科学文化素质、心理素质、创新能力和审美能力等方面的发展，而其中培养其良好的思想道德素质、科学文化素质和心理素质是全面发展的最基本要求。

音乐艺术是审美教育也是道德教育，它是美育与德育的统一体。从教育本身的意义上讲，大学生是国之栋梁，是国家的未来，也是沟通校园与社会的纽带，如果忽视了对其应有的音乐教育，也就可以认为忽视了教育本身，失去了教育本来的初衷。一名学生，如果缺失了音乐素养，缺失了德育教育的重要部分，那么在大学生步入社会时，也很难能为全面提高社会整体文化修养、道德和观念发挥作用。

当代科学文化素质的发展有助于培养全面发展的复合型人才，同时为了满足生产力的快速发展的要求，还要大学生不仅掌握高端的科技知识，还要具备其优秀的人文素质，其目的就是培养一专多能的优秀人才。音乐素养教育有助于学生对智力、身体、理性、感觉进行开发和训练，众所周知，人的成长过程是人身体与智力、精神的统一发展过程，它们相互影响、相互联系，统一在人的发展与成长过程中。音乐素养教育可以促进学生科学文化素养的提高，这是对学生特殊而有效的全面培养方式。"子与人歌而善，必使反之，而后和之。"我国古代伟大的教育家孔子就善于用音乐调节情绪，抒发情怀。良性的音乐能提高大脑皮层的兴奋性，改善人们的情绪，激发人们的感情，振奋人们的精神。同时，有助于消除心理、社会因素所造成的紧张、焦虑、忧郁、恐怖等不良心理状态，提高应激能力。

心理素质的培养可以帮助学生更好地分析和审视自己，增强与他人的沟通与合作能力，形成适应社会生活环境的积极态度。它对学生良好的心理素质的发展起着至关重要的作用，有助于形成学生的生命价值和社会价值。根据美国艺术教育国家标准，音乐在人的个体直觉、推理、想象、技巧、身体协调、表达和与他人的交流中起着不可替代的独特作用，学习音乐可以激发学生的激情，丰富他们的想象力，拓展他们的创造性思维，同时也可以锻炼学生的耐力，提高自信心。

二、音乐素养培养的必要性

(一) 提高音乐素养有利于大学生塑造健全的人格素质

古希腊伟大的哲学家柏拉图曾说过:"在教育中,我们总是以体育为身体,以音乐为灵魂。"音乐本身具有很强的艺术感染力,能够反映和影响人们的思想感情,具有改善人格、增强人们精神境界等各种功能。无论是舒缓静谧的旋律还是动感活泼的音乐,都能净化灵魂,提升境界,升华人格。优秀的音乐作品不仅能提高学生的欣赏和审美能力,还能培养学生高尚的道德情操。因此,要重视大学生音乐素养的培养,提高大学生的综合素质,为社会培养人格健全、身心全面发展的人才。

(二) 音乐是启迪灵感和开拓创新思维的钥匙

法国著名浪漫主义作家雨果曾说过:"开启人类智慧宝库有三把钥匙,一把是数字、一把是文字、一把是音符。"音乐作为一门艺术,它能够启迪人类的灵感,开拓人们的创新思维,也是激发大学生形象思维和创造力的源泉。音乐作品中渗透着丰富的历史、地理、文学、乡土、人文等知识。物理天才爱因斯坦曾经说过:"音乐给我无边的想象力。没有早年的音乐教育,干什么我都将一事无成。"由此可见,音乐对人们想象力、创造力和创新思维的发展有着显著的影响。

(三) 音乐是沟通各艺术门类的桥梁

音乐是情感生活的基调描述,音乐作为一门艺术,有其自身的规律性,其"听声类型"的特点使之与其他艺术门类密不可分。音乐通过流畅的音律表达节奏和心境,它具有审美功能,注重铺砌、起承和层次结构。许多艺术类别离不开音乐元素。可以说,音乐是艺术之间的桥梁。

第四节　大学生音乐素养培养策略

由于音乐是一门艺术型学科，音乐具有提升人们审美能力、滋润人们心灵的特点。在我国古代发展过程中，音乐是治国的礼乐，由此可以得出音乐对人类发展的重要性。当代大学生在学习音乐时，要不断提升自身的认知能力，将自身的发展与音乐有效结合，从而强化自己的学习思维。大学生在学习时要树立乐观的学习心态，在接受音乐教育时要将音乐课程作为一门重要课程，细心地学习和思考；还应积极地融入学校的教学，跟随教师的科学引导，了解音乐的积极作用，从而帮助自己在学习时不断地提升自身的认知能力，增强自身的学习动力。

一、音乐素养的定义

音乐素养主要包括音乐修养与音乐素质，不只是包括音乐知识与音乐实践能力，还应当具备较高的认知能力与审美能力。提高学生音乐素养有助于增强学生的综合素质，提高学生对于事物的感知能力。

二、提高大学生音乐素养的重要意义

（一）精神文明建设需求

20世纪80年代，中国教育部门曾明确规定，艺术教育是素质教育中的重要内容，有助于实现社会主义精神文明建设，通过艺术教育能够促进学生身心与智力发展，陶冶学生性情。音乐课程对于高校而言，有着难以替代的重要意义，属于高校教育中的重要组成部分，也能够促进我国高校精神文明建设，可以切实提高高校精神文明建设水平。由此可见，提高学生音乐素养是我国精神文明建设的重要内容，有助于推动社会主义精神文明的可持续发展。

（二）实施素质教育的重要途径

素质教育能够促使学生德智体美劳全方位发展，所以，高校必须充分重

视培养学生的德智体美等各项素养。音乐素养是素质教育中的重要组成部分，培养学生的音乐素养有助于丰富学生的音乐知识，促使学生全面发展。通过培养学生音乐素养，有助于促进高校素质教育工作的有效发展。

(三) 对于人生新发展有重要意义

开展高校音乐素养教育课程，能够使学生接受音乐知识熏陶，促进学生身心健康发展。例如，舒缓的音乐有助于激活学生的思维，调节学生的生活，培养学生的音乐素养，提高审美情趣。培养学生的音乐素养有助于帮助学生形成健康向上的心态，丰富学生的精神世界，促进学生身心健康发展。

(四) 音乐素养是衡量个人素养的重要标志

当前，我国人民的生活水平不断提高，人们也更加重视精神文明建设，精神文明需求也更加多元。音乐属于人们精神生活中的重要组成部分，人们也更加重视音乐素养，音乐素养成为衡量个人综合素养的重要标志。

三、培养大学生音乐素养的具体方法

(一) 明确音乐教育目的

当前，我国教育工作的逐步推进与发展，越来越多的大学开设了音乐教育课程。但由于当前大学生面临着严峻的就业压力，音乐课程的落实情况不容乐观，部分高校并未重视培养学生的音乐素养。即便部分高校开设了音乐课程，并没有明确大学音乐教育目的。所以，新时代提高大学生的音乐素养，必须明确音乐教育的重要目的。大学阶段的教育主要是促使学生全方位发展，所以，大学生必须通过音乐知识学习促进身心健康发展，能够陶冶性情，洗涤心灵，提高综合素养。在具体的音乐教育过程中，如果不是培养专业性人才，在教学实践中可以不讲授具有高技能的音乐知识，可以通过形象性的音乐曲目调动学生的学习兴趣，锻炼学生的思维，提高学生的音乐欣赏与鉴赏能力，使学生能够正确分析并鉴赏音乐。通过一定的引导和帮助，能够以优秀的音乐作品培养学生良好的审美情趣，从而培养满足社会多元化发展的复合型人才。

(二) 完善课程教学体系

《全国普通高等学校公共艺术课程指导方案》中明确提出,高校音乐教育必须严格根据学科设置情况以及学校的具体发展情况、素质教育要求构建科学完善的课程体系,才能够有效提高学生的音乐素养。例如,在教育教学过程中,可以有针对性地设置音乐必修课以及选修课程,帮助学生打下夯实的音乐基础,帮助学生形成音乐意识,选修课则设置一些鉴赏与指挥类课程,逐步提高学生的音乐审美情趣,增强审美意识。高校也可以开设"作曲"等相关课程逐步提高学生的音乐学习兴趣,满足学生的音乐发展爱好,从而潜移默化地提高学生的音乐综合素养。高校可以利用名师资源举办丰富多元的音乐知识讲座,在陶冶学生性情的同时贯彻落实好音乐理论教育。学校要想提高学生的音乐素养,必须构建科学完善的课程体系,促进学生全方位发展。

(三) 扭转传统落后观念

必须从思想上高度认识,才能够确定学生的音乐学习行为意识有效。要想提高学生的音乐综合素养,必须丰富学生的思想认识。所以,学校及教育主管部门必须增强对于音乐素养培育的正确认识,国家也应当出台相关政策进行研究和指导,强化学生的音乐综合素养的培育,帮助学生树立正确的世界观、人生观和审美情趣。学生也应当通过音乐学习提高自身修养,从而将自己培养成有品位、有审美能力,符合当代文化多元需求的多元型人才。

(四) 营造良好校园环境

提高学生的音乐素养,应当充分重视音乐课题的重要意义。音乐课题是高校进行音乐素养培育的重要内容,但高校教师切记不能完全依靠课堂教学提高学生的音乐素养,应当为学生营造良好的教育环境,从而激发学生的音乐学习热情,使学生在校园文化的熏陶下更好地学习与成长。例如,可以有效利用名师资源及影响力开展音乐讲座,邀请音乐团队到学校进行演出,逐步丰富学生的音乐学习视野,也可以邀请学生音乐团体寻找音乐CD等积极向上的作品,通过举办音乐沙龙,带领学生感悟音乐作品的多元魅力。

结束语

在新形势下,大学生所面临的社会环境、校园环境、网络虚拟环境更加复杂,高校需要不断提高大学生教育管理的实效性,全面优化教育管理制度,贯彻落实国家教育方针,让大学生参与到学校教育管理工作中。高校需要全面优化资源配置,制定出科学的教育管理机制,加强管理者与大学生群体的沟通和交流,通过网络平台来优化教育管理方法。

第一,高校需要合理配置资源,助力大学生教育管理工作。

在新形势下,高校需要科学配置人力资源、物质资源,为学生教育管理工作奠定坚实的基础,不断提高大学生教育管理工作的实效性。

优化人力资源配置。针对人力资源配置,高校首要关注教育管理工作队伍,适当扩充辅导员队伍,通过开展讲座培训、实施线上网课培训、组织实践活动等方法,促进辅导员成长,提高辅导员的专业能力,充分发挥辅导员在大学生教育管理工作中的作用。辅导员与大学生群体联系紧密,能够深入到学生的学习和生活中,及时发现学生存在的问题,从而开展有针对性的教育和管理。除了培养优秀辅导员之外,高校还需要构建高素质的专业教师团队,在大学生群体中选拔出优秀的学生党员、学生干部,形成全方位、立体化的教育管理工作体系。

提高物质资源配置。物质资源配置是高校教育管理工作的基础,高校需要结合大学生的成长阶段和专业学习需求,加大资金投入,为学生提供良好的硬件设备,推动大学生教育教学活动的开展,提高教育教学活动的质量。如在人工智能专业中,高校需要为大学生提供前沿的人工智能机器设备,让学生在专业技能方面获得提升,深入学习自然语言处理技术、语音处理与识别技术等,提高学生的专业素养。

第二,高校还需要完善管理机制,保障大学生的合法权益。

在新形势下,高校的教育管理者需要以科学的管理理念指导实践,处理好教育管理工作中的问题,实现"用爱育人""用心管理",保障大学生的在校权利。制定大学生参与教育管理的工作机制。高校需要适当放权,让更

多学生参与到教育管理工作中，采用人本化的管理方式，尊重学生、维护学生，推动和谐校园的建设。大学生具有思维活跃、独立意识强等特点，他们拥有一定的法律意识、维权意识，能够对教育管理工作提出意见和建议，满足自身的需求。高校需要充分尊重大学生的意愿，通过学生会、校团委、学生社团、班干部团体等组织，充分了解大学生对学校教育管理工作的意见和建议，构建完善的教育管理工作机制。

在教育管理机制中融合"以人为本"的管理理念。在高校的教育管理机制中，管理人员需要秉持"以人为本"的管理理念，充分考虑大学生的身心发展特点，采取人性化的管理制度，将提高教育服务质量、促进学生发展作为教育管理工作的出发点。此外，高校的教育管理制度还需要依照法律法规进行修订，全面规范教育管理行为，保障大学生的权利，提高大学生群体对校园管理制度的认同感。

第三，高校需要不断加强沟通交流，全面掌握大学生的情况。

学生的价值观念、理想信念及行为模式已经发生转变，教育管理手段、管理方式也需要与时俱进，满足学生的个性化需求，适应大学生群体中存在的新问题。高校教育管理者需要深入到学生中间，加强与学生的沟通和联系，让管理更加有温度、有成效。

采取"服务型"的管理模式。高校的教育管理者需要深入到大学生中间，全面了解大学生在生活和学习方面存在的困难，这是做好教育管理工作的基础和前提。管理者需要树立服务型的管理理念，主动亲近大学生群体，帮助大学生解决问题，充分尊重、理解、包容大学生，与大学生进行真诚交谈，提高大学生对管理者的信任感。

扩大对话交流范围。在教育管理工作中，管理人员需要加强与大学生之间的沟通和交流，同时还要扩大对话交流的范围，为民主管理奠定基础。在谈话交流方面，管理人员可以从专业设置、课程设置、教师教学方法、课堂氛围、学业评价制度等方面入手，了解大学生对学校教育管理工作的意见和建议，充分吸收、采纳大学生的合理建议，优化教育管理制度。除此之外，教育管理者还需要掌握大学生的学习计划、职业生涯计划等，进一步密切与大学生的关系，对大学生群体进行全面了解，帮助大学生解决问题，提高教育管理工作与大学生的适应性。

参考文献

[1] 奉中华，张巍，仲心.大学生教育管理的创新与实践研究[M].长春：吉林人民出版社，2021.

[2] 乔晶.新媒体视域下大学生教育管理研究[M].北京：中国水利水电出版社，2019.

[3] 董维杰.大学生教育管理理论与实践[M].济南：齐鲁书社，2006.

[4] 黄凯，郑琦.大学生安全教育[M].长春：吉林人民出版社，2019.

[5] 于学强.大学生廉洁教育读本[M].南京：东南大学出版社，2020.

[6] 常翠鸣，丁海玲，徐晓霞.大学生健康教育[M].电子工业出版社，2021.

[7] 潘佩佩.音乐艺术与大学生音乐教育研究[M].长春：吉林人民出版社，2021.

[8] 陈磊.大学生职业发展教育[M].重庆：重庆大学出版社，2018.

[9] 郑楠，闫贤贤，黄卓.大学生创新创业教育[M].北京：北京理工大学出版社，2018.

[10] 李晓峰，徐海鑫.大学生创业教育体系的构建与实践[M].北京：经济日报出版社，2019.

[11] 邰乐.大学生音乐素养教育研究[M].长春：吉林人民出版社，2019.

[12] 齐立石.大学生思想政治教育[M].成都：电子科技大学出版社，2017.

[13] 胡小坤.大学生创业教育研究[M].南宁：广西科学技术出版社，2016.

[14] 曲泽鸿.当前大学生安全素质教育问题研究[D].扬州大学，2016.

[15] 任宏哲.大学生思想教育管理系统及其应激反应研究[D].大连理工大学，2016.

[16] 郝广新.高校大学生柔性管理研究[D].河北师范大学，2015.

[17] 张德明.大学生思想政治教育管理载体研究[D].中国石油大学（华东），2014.

[18] 蒋璐璐. 基于创造力价值链的大学生创业教育管理研究 [D]. 沈阳理工大学, 2014.

[19] 王雯霞. 大学生安全教育与管理研究 [D]. 太原科技大学, 2011.

[20] 张洁琼. 大学生职业生涯规划教育项目过程化管理研究 [D]. 北京邮电大学, 2011.

[21] 张宇. 大学生思想政治教育管理效能研究 [D]. 南京财经大学, 2011.

[22] 付卓荦. 大学生文化素质教育管理体制研究 [D]. 武汉理工大学, 2010.

[23] 严君. H大学大学生自主创业教育管理体系研究 [D]. 华中科技大学, 2008.

[24] 祝力维. 关于大学生安全教育与管理的研究 [D]. 东北师范大学, 2008.

[25] 马新平. 论当代大学生思想政治教育管理 [D]. 华中师范大学, 2006.

[26] 陈美华. 大学生思想教育管理坚持"以人为本"的理性思考 [D]. 福建师范大学, 2006.

[27] 颜诗涵, 孟婷. "微时代"背景下大学生思想政治教育路径创新 [J]. 太原城市职业技术学院学报, 2023(03): 143-146.

[28] 孙祺. 新媒体环境下大学生创新创业教育路径探析 [J]. 桂林航天工业学院学报, 2023, 28(01): 150-155.

[29] 邵晨. "以人为本"理念下的大学生教育管理创新研究 [J]. 科教导刊, 2022(33): 131-133.

[30] 蒋新丽. 大学生安全教育的理论研究与创新思路 [J]. 大众文艺, 2022(22): 160-162.

[31] 王晓艳, 梅俊强. 基于创新教育理念的大学生教育管理 [J]. 山西财经大学学报, 2022, 44(S2): 61-63.

[32] 宋成立. 大学生安全教育创新路径探究 [J]. 大众文艺, 2022(18): 159-161.

[33] 刘华军. 廉洁意识在大学生教育工作中的价值研究 [J]. 湖北开放职业学院学报, 2022, 35(17): 40-41+47.

[34] 王冀瑶. "互联网+"时代大学生教育管理工作创新路径 [J]. 国际公关, 2022(08): 123-125.

[35] 吴成达, 张琳, 王玲玲. 大学生情商教育: 现状、原因及对策 [J]. 现代

商贸工业，2021，42(33)：60-62.

[36] 姜春. 大学生审美教育的重要性与路径探析 [J]. 淮阴师范学院学报（自然科学版），2020，19(04)：364-367.

[37] 孟庆庆，魏楠. 大学生审美教育现状分析及对策建议 [J]. 文学教育，2019(09)：54-55.

[38] 杨磊. 浅论大学生音乐素养提升的有效途径 [J]. 才智，2019(22)：133.

[39] 刘刈，张晓敏. 高校大学生音乐素养现状与素质教育开展途径分析 [J]. 艺术科技，2019，32(10)：57-58.

[40] 杨坡，于雪丽. 新时期大学生情商教育研究 [J]. 西部素质教育，2018，4(17)：50-51.

[41] 李哲. 以就业为导向构建大学生职业发展教育资源库的路径 [J]. 吉林省教育学院学报，2023，39(05)：39-43.

[42] 王华，徐绘，冯宏伟. 新时代加强"00后"大学生思想政治教育研究的思考 [J]. 陕西教育（高教），2023(05)：25-27.

[43] 贾红霞. 立足全媒体建构大学生价值观教育研究 [J]. 黑龙江教师发展学院学报，2023，42(05)：138-141.

[44] 吕军威，王娜. 新媒体视域下大学生理想信念教育的路径 [J]. 知识窗（教师版），2023(04)：90-92.